「ドラゴン桜」式クイズで学ぶ東大思考

なぜブルーベリー農家は東京に多いのか？

宇野仙

企画 西岡壱誠

星海社

258
SEIKAISHA SHINSHO

はじめに

突然の質問で恐縮ですが、みなさんは日常生活を過ごしている中で、何かに対して「なんでだろう？」と疑問に感じることはありますか？　例えば、駅から家に戻る帰り道で、みなさんはどれくらいのことを疑問に思い、「これってどうしてなんだろう？」と理由を考えて、答えを考える習慣を持っていますか？

私はもう20年近く、予備校講師として東大受験生を指導してきました。地理講師として、何百人という受験生を東大に送り込んできた自負があります。

その中で、常々「東大に合格できる受験生には、どのような共通点があるのか」を考えています。

その一つの答えが、この「身近な疑問を考える習慣」なのです。

日常生活の中で、「なんでだろう？」と考えることが多い人ほど、成績が上がりやすく、東大に合格しやすく、社会でも活躍できるのではないか、と思うのです。

もっと具体的に言えば、「なんでだろう?」という問いを問いのままで終わらせず、そこから仮説を立てて検証し、理由を突きとめるという一連の思考をマメに行う習慣こそが、「頭がいい人」の能力を作っているのではないかと思うのです。日常生活の中の「なんでだろう?」という疑問の質と量が、頭のいい人とそうでない人を切り分けているように感じています。

人間、生きていれば、普通に生活しているだけでも疑問に感じることや、不思議に思うことはたくさん出てくるはずだと思います。しかし、多くの人は、湧き上がる「なんでだろう?」を無視してしまいます。せっかく「なぜ?」と思っても、次の瞬間には、「そんなこと考えても仕方ない、何の意味もない」と思考停止してしまう経験、誰もが身に覚えがあるのではないでしょうか。しかし、そんな風に考えてしまっている人は、頭をよくする機会を逃してしまっているかもしれないのです。

例えば、偏差値35から東大を目指す漫画「ドラゴン桜」では、東大を目指す矢島勇介と水野直美に対して、先生がこのように話しかけるシーンがあります。

「だからあなたはバカなのだ!」

JR御茶ノ水駅
聖橋口
Hijiribashi Entrance
この改札の案内表示を見て下さい
日本語はもちろん英語・中国語韓国語で表記されていますね
聖橋口
さてこれはなぜでしょう
なぜって……
そんなもん……外国から日本に来る人が多くなったからに決まってんじゃん

以前からでも外国から訪れる人はいたはずですよ特に東京には……
だから……前よりもっと多くなって……
案内板に外国語も書くようになったんだろ
聖橋口
Hijiribashi Exit
千代田
Chiyoda
Taxi
それではなぜ外国人が多くなったのでしょう
ええ？いや……そりゃ……
多くなったというのは理由があるはずです原因はなんですか？
あ……サッカーのワールドカップとかあったじゃん韓国と共同でやったから　それでよ
ならば中国の人はどうですか？
それは……中国の人も日本に遊びに来るようになったんじゃない？
それはなぜですか？

聖橋口
さっきからいちいちなぜとかどうしてとか……
どうでもいいじゃん！駅の案内表示に外国語があろうとなかろうと！
矢《や》島《じま》君
だからあなたはバカなのだ！

バ…バカって
な…なんだよ!
「どうでもいい
じゃん……」
そこで
投げ出して
思考停止
するからです
漫然と毎日を
過ごして
周囲に好奇心を
抱かない
これでは何ひとつ
身につかない
そのような淡泊な
性格の人間には
学問は無理
東大受験など
即刻おやめなさい

わかったよ
では続けましょういいですか……
聖橋口
このようなちっぽけな案内表示ひとつでもここからいろいろなことが推測できます
日本語と英語のみの案内板のほうがこの駅に多いことから4ヵ国語表示の案内板は新しいと推測できる

中国・韓国人が増えたのは最近だとさらに推測できるではなぜ増えたのか？両国の経済が発展して旅行者が増えたのかもしれない
だとすると昔と比べてどれくらい経済は発展したのかそれによって日本はどう影響を受けたのか
それを知りたい調べてみて自分なりの論理を構築してすっきりしたい
これが知的好奇心を満たすことであります
推測することで一枚の表示板だけからでも世の中のいろいろな動きを読み取ることができるのです
ああ……そういうことかこれが要するに……

そう……〝正しく読む〟ということと推測して読み取るのです
ふうん……読むって文章だけじゃないんだね
ですから机に向かって書物を読むだけが勉強ではありません
こうして街に出て世の中を見渡してみる
KFC
イオカード

すると社会には様々な疑問があります
なぜ日本の車は左側通行なのか
景気が良くなったり悪くなったりするのはなぜか
品物を売買して利益を生む仕組みはどうなっているのか
このように世の中にはたくさんの〝なぜ〟があふれている

しつこく問われてキレた矢島に、先生が投げかける言葉は強烈ですね。ですがその実、的を射ていると思います。

「なんでだろう?」と考えるのが面倒になった瞬間、人間は確実に、頭が悪くなっていってしまうのです。

例えば、テレビでニュースを見ているとき。「物価が値上がりして家計の負担が増加」とニュースキャスターが言っているのを見て、「そうなんだ、それは大変だな」としか考えないようだと、頭はよくなりません。情報をそのまま受け入れているだけでは、なぜそんなことが起こっているかという理由もわからず、これからその傾向が続くのかという未来の予測も、まるっきりつかなくなってしまいます。

「物価が値上がりしているのは、なにが原因なんだろう?」と考え、その原因に対して仮説を立てて、その仮説を検証していく、そういうアカデミックな考え方を持つことが頭をよくするために必要なのです。

頭をよくする材料はニュースだけでなく、街中にも転がっています。

街を歩いているときに「なんで日本は、車は左側通行なのに歩行者は右側通行なんだろう？　他の国ではどうなっているんだろう？」とか、「この自販機は誰が所有しているものなんだろう？　どんな仕組みでこの自販機は収益が出ているんだろう？」とか、「わりと近い距離に同じチェーンのコンビニがあるけれど、なぜこんな近い距離に2つもお店を出しているんだろう？」とか、そんな風に無限に疑問は湧いてくるはずなのです。

ここで少なくない人は、そんな疑問が生まれても「まあ、どうでもいいか」と思考停止して流してしまい、頭をよくする機会をみすみす逃してしまいます。

一方で、東大に合格するほどの思考力を持っている人は、この「なんでだろう？」を深掘りする能力が高い人たちなのです。みな、日々の生活の中で多くのことを疑問に思い、その疑問に対する解答を出そうとする習慣がついているから、東大に合格している場合が多いのです。

その証拠、というわけではないですが、東大の入試問題は、日常の「なんでだろう？」を問う問題が非常に多いです。

特に私が指導している地理は、そうした問いの宝庫です。

- この時刻表が日本のどの地点のものか答えなさい
- かぼちゃはなぜ、ニュージーランドとメキシコからの輸入が多いのか答えなさい
- 東京にブルーベリー農家が多い理由を考えて答えなさい

このように、普段の生活の疑問に立脚した入試問題が数多く出題されているのです。東大は、こうした日常生活に立脚した疑問を考える学生を求めていると言えるのではないでしょうか。

でもこうした日常生活の疑問を、自分だけで考えるのは難しいですよね。

実はこのような疑問を考えるのに効果的な「型」があります。こういうアプローチをしていけば、こうやって頭を使えば答えに近付くことができる、という考え方が明確に存在しているのです。

それをマスターしていただくために本書では、身近な疑問から東大入試レベルのものまで問いを25個、用意しました。どれも考えれば考えるほど面白く、そして考える過程で頭がよくなるものばかりです。

誤解しないでいただきたいのは、その問いの「答え」をみなさんに暗記してもらいたいわけではないということです。問いの中には明確な答えがないものも存在しますし、私が例示している以外の答えが存在するものもあります。

本書のおすすめの読み方は、「答えの考え方」を一緒に探していくというものです。あくまでも目的は、みなさんに「身近な問いに対してどう考えていくか」という型を習得していただくことにあります。

そして、みなさんが自分で気になる問いを見つけて、考えられるようになれば、きっとそのときは本当に「勉強って楽しい」と思えることでしょう。

今まで机の上での勉強だけが学びだと思っていた人も多いかもしれませんが、そうではないのです。目を開いている時間のすべてが学びであり、そして学びとは遊びなのだと体感できるようになる、そんな体験を、この本を通してみなさんに獲得してもらえたら、こんなに嬉しいことはありません。

では早速、例題にチャレンジしてみましょう！

問題

Q1

例題

なぜ英語の発音は難しいのか？

まずは例題、「英語の発音が難しい理由」を考えていきましょう。

今では小学校から学ぶ英語ですが、みなさんは英語の発音が難しいと感じたことはありませんか？「tomato」がローマ字読みの「トマト」じゃなくて「トメイトゥ」になって、「money」が「モネ〜」じゃなくて「マネー」になっていますよね。「tough」は「タフ」と発音しますが、「g」が入っているにもかかわらずgの音をほとんど発音せず、gは「f」という、スペルと全く異なる発音になります。

英語の発音はスペルをそのまま読んでも正解とは限らず、複雑で難しいですよね。日本語だと漢字の読み方こそ複数あるものの、ひらがなやカタカナで表記されていれば発音の仕方がシンプルで簡単なのと対照的です。

英語を勉強するとき、日本人なら一度はこの発音の難しさに悩まされるのではないでしょうか。

しかし、「英語の発音は難しいもの」と受け入れてしまうのではなく、その理由を考えてみると面白いことがわかります。

では問題です。なんで英語って、発音がこんなに複雑なんでしょうか？

紐解くためのアイデア

こういう問いに向き合うときには、例えば次のように、いろいろな考え方をすることができます。

①その問いに出てくる内容をしっかりと調べてみる
②問いを考えるために、言葉を分解したり深掘りしたりする
③主観的な言葉を客観的なデータに直したり、言い換えてみる

この本では、これらの考え方を「紐解くためのアイデア」としてそれぞれの問いで実践していきます。

①その問いに出てくる内容をしっかりと調べてみる

まずは、問いのテーマについて調査してみましょう。

例えば、「英語ってそもそもいつ頃に成立したものなんだろう?」「英語以外の言語と比べたときに、どんな特徴があるんだろう?」などとアイデアを出してみましょう。歴史を調べたり、他と比較した特徴を調べてみると、見えてくるものがある場合があります。

- 全世界で使われている言語である
- イギリスを中心に成立し、その植民地などで公用語となっている
- アルファベットで作られている
- 英語はラテン語と同じくインド=ヨーロッパ語族に属するゲルマン語派の一つの

言語で、類似点が多い

という感じでしょうか。

②問いを考えるために、言葉を分解したり深掘りしたりする

次に、問題文の要素を分解してみましょう。

「なぜ英語の発音は難しいのか?」

という文章は、「英語」の問題と「発音」の問題に分けることができますね。そして英語の特徴については先ほど調査できたので、次は「発音」を分解してみましょう。発音とはどういうものでしょうか。調べてみると、単語や言語を言うときの母音

や子音のことだとわかります。口の中をいろいろな形にして、「あ」と言ってみたり「う」と言ってみたり、言い方を変える行為、と解釈できます。

つまりは、口の形で母音や子音を使い分ける行為なわけですね。

③主観的な言葉を客観的なデータに直したり、言い換えてみる

「主観」から「客観」への言い換えも効果があります。例えば、「英語の発音は難しい」というのは、ただの個人の意見でしかありません。「難しい」と感じている人が100人中100人なら話は違いますが、必ずしもそう言い切ることはできません。

だから、これを客観的な事実に変更する必要があります。

例えば、「仲がいい」というのは主観的ですが、「1日に3時間会話する仲だ」というのは客観的ですよね。このように、具体的な数字やデータを用いたりしながら、客観的な内容にしていくと、物事を考えやすくなります。

例えば今回の「英語の発音は難しい」は、「英語の発音は日本語に比べて多様だ」と言い換えられるかもしれません。「英語は発音のパターンが多い」なんて具合でも大丈夫でしょう。

こうやって考えてみると、英語は発音が難しいと言うときの比較対象は「日本語」なんですよね。フランス語やロシア語だって発音が難しいので、フランス人やロシア人は別に「英語は発音が難しい」とは感じていない、なんて話もあります。つまりは、「日本人にとって」英語は発音のパターンが多いように感じられるということなのです。

どうでしょう？　ここまで考えると、ちょっと見えてくるものがありませんか？

解説

まず考えられるのは、英語はヨーロッパの言語であり、日本人である我々の言語とは違うということです。

極端な話、日本語と英語が全然違うから、日本人は英語の発音が難しいと感じてしまう、という話なのです。

先ほど確認しましたが、発音というのは、口の中を動かして、舌を移動させたりして行うものです。

ヨーロッパの人の言語、例えばフランス語やイタリア語では、英語と同じような発音があったりします。これは、元々の源流がラテン語という同じ言語からきているからだと言えるでしょう。ヨーロッパの人が英語の勉強をするときには、「ああ、これは自分たちの言語と似ている発音だな」と感じられるはずなのです。

もっと深く考えてみましょう。日本語と英語では、何が一番異なると思いますか？先ほど、英語の特徴として調べた結果の一つがアルファベットでしたね。アルファベットは、AからZまでの26文字で構成されています。

それに対し、日本語はどうでしょうか？「あいうえお」から「わをん」、ひらがなだけで48文字もあります。カタカナもあるので96文字、もっといえば漢字もあるのでそれ以上にいろんな文字があります。

日本語が96文字の中から組み合わせて言葉を作っているのに対して、英語は26文字しかないのです。そして26文字で言葉を作るとなると、発音で違いを作るしかありませんよね。

例えば日本語では「読む」の過去形は「読んだ」ですが、英語では現在形「read《リード》」に対して過去形「read《レッド》」となります。同じ文字を、発音を変えることで区別しているのです。

日本語は96文字もあるので発音を文字通り読めばいいわけですが、文字が26個しかないと、いっぱい発音を作る必要があったわけですね。

このように、日本語と英語の違いを考えることで問いに対する答えが見えてくるわけです。この答えにたどり着くためには、先ほどの「調べる」「分解する」「言い換える」というような過程が必要不可欠なわけです。

解答例

日本語に比べて英語は文字数が少ないため、発音でそれぞれの単語を区別する必要があったから。

いかがでしょうか？
このような思考トレーニングを通して、ぜひ自分で考える力を養ってみてください！

目次

第2章 世界の不思議

第3章 日本語の不思議

第6章 統計の不思議 211

第1章 日本各地の不思議

問題

Q2

なぜブルーベリー農家は東京に多いのか？

突然ですが、みなさんはブルーベリーは好きですか？　ブルーベリーはスーパーや八百屋で見かける、ジャムとして使われることも多い甘酸っぱい果実ですね。小さくて食べやすく、多くの人に好まれています。ブルーベリーを食べれば目がよくなる、なんて話もありますね。

しかし、そういえばブルーベリーはどこで多く作られているんでしょうか？

実はその答えは、東京なんです。東京都は、なんと日本で一番、ブルーベリーが収穫されている都道府県である……と言ったら、みなさんは信じられますか？　なんとこれは本当の話で、２０１５年に、それまで30年間トップだった長野県を抜いて、東京都がブルーベリー収穫量のトップに躍り出たのです。

言うまでもなく東京には人がいっぱいいて、農業のイメージなんてほとんどありません。

「ブルーベリー」と「東京」。あまりイメージが結びつかないですよね。

なぜ東京都では、ブルーベリーが多く作られているのでしょうか？

紐解くためのアイデア

①ブルーベリーの特徴を考えてみる

ブルーベリーは、他の果物に比べたとき、どんな性質を持っているのでしょうか?
まずはそこから調べてみましょう。

- アメリカ合衆国が原産地で、生産量世界1位もアメリカ合衆国。日本は15位(2020年)。
- 酸性の土壌で作られる場合が多いので、日本ではその土壌を人為的に用意して作られる場合が多い。
- 収穫後にあまり日持ちしないので、早く食べる場合が多い。だから生で食べる機会が少ない。

・東京都が1位で、2位は茨城県。生産量は関東地方が多い。

などが出てきました。これらは、東京でブルーベリーが作られることとどうつながっているんでしょうか？

②東京の特徴を考えてみる

では次に、東京の特徴を考えてみましょう。東京は47都道府県の中で、どんな特徴があるでしょうか？

・他の都道府県に比べてぶっちぎりで人口が多い
・日本の首都になっている
・人口が多いため大市場を形成していて、近郊農業が営まれていることも多いなんてところでしょうか。

③これらの情報を結び付けてみる

ここまでわかったら、どんなことが関連づけられるでしょうか？

ひとつ見えてくるのは、近郊農業が営まれているという点でしょう。都市の近くで作物を作ることで、新鮮な野菜を大市場に送ることのできる近郊農業。これは、東京の近くでブルーベリーを作る大きな意味だと言っていいでしょう。

でも、まだ他にも理由がありそうですよね。近郊農業だったら東京都でやらなくても、関東地方近辺でやっていればいいはずです。土地の値段だって高いでしょうから、東京で農業をやる意味が見えてきません。何か、農業以外の意味があるのでしょうか……？

さて、何か思い付きましたか？

解説

実はこの問いは、東大入試でも出題されたことのある問いです。「東京都でブルーベリーの生産が盛んな理由を答えよ」という問題として出題されていました。

多くの受験生が解答できたのは、「生食が多いブルーベリーは、鮮度が重視されるため、輸送の面で有利な関東地方が適しているから」というものでした。間違いではありませんが、これだけだとまだ物足りない感じがします。

ブルーベリー農家さんたちは、実はブルーベリーの生産以外にも、意外なことをしてお金を稼いでいるのです。

それは、「観光農園」です。ブルーベリー狩り・ブルーベリーの収穫体験を、観光農園として実施しているのです。カップルや家族連れで収穫体験ができて、しかも農園によっては「獲った分を食べ放題」として売っているところもあるくらいです。

そして、やはりこういう観光は、お客さんを集めやすい地域が一番です。人口の多い東京近辺だとお客さんが集まりやすく、観光地として適しているわけですね。

また、もう一つ考えられる理由があります。東京都にはケーキ屋さんや喫茶店が多い、ということです。人口に加えて富裕層も多い東京都では、高級なケーキ・お菓子などのお店が多いのです。そしてこれらのお店では、ブルーベリーを使ったケーキやパフェ・フルーツの盛り合わせなどを提供しています。つまり東京都はブルーベリーの需要が多いわけですね。

「農園」という場所を、「農作物を作る場所」とだけ捉えていると、この問いの答えの後半は見えてこなかったと思います。すぐに思い付くアイデアからあと一歩発想を膨らませて問いを見ていけるようになると、答えがひらめくようになるのではないかと思います。

解答例

東京都では近郊農業に加え、消費人口の多さによって観光農園やスイーツ産業が成立しているから。

問題

Q3

なぜ任天堂の本社は京都にあるのか？

ニンテンドースイッチや3DSなどのゲーム機や、スーパーマリオやポケモンなどの素晴らしいゲームを日本だけでなく世界中に届けている任天堂。みなさんも一度はこの会社のゲームをプレイしたことがあるのではないでしょうか？

そんな任天堂ですが、実は京都に本社があることはご存知ですか？　2022年に、任天堂旧本社をリノベーションしたホテル「丸福樓」が京都にオープンしたのを聞いたという方もいることでしょう。

世界にゲームを送り出すような会社であるならば、なんとなく本社は東京にあるんだろうな、と思っている人も多いでしょうが、実は本社があるのは京都なんです。

なぜ、京都に任天堂の本社が置かれているのでしょうか？

もちろん、会社がどこで生まれたか、本社がどこに置かれているかなんて、様々な理由があるでしょうし、一言では説明しきれません。でも、47都道府県のうち、なぜ「京都」だったのか、その理由を考えるととても面白い事実が見えてきます。

考えてみましょう！

紐解くためのアイデア

①任天堂はどういう会社なのか考える

まず、任天堂という企業を調べてみましょう。

- いろんなコンピューターゲームを世の中に送り出している会社
- コンピューターゲーム以外にも、おもちゃを作っている
- 1889（明治22）年に創業された老舗企業

なんてことが見えてきました。1889年創業ってすごいですね。そんなに前からあるなんて驚きです。

②京都はどういう土地柄なのか考える

次は、京都という土地の特徴を考えてみましょう。他の都道府県にはない京都ならではの特徴にはどんなものがあるのでしょうか？

- 古くは日本の都が置かれていたので、歴史がある
- その影響で、寺院・仏閣が多い
- 古い文化の中心になっている場合が多い
- 一見さんお断りの店が多い

能や狂言・落語などの伝統芸能が京都から発祥していて、いろんな文化が京都で生まれているそうです。

解説

③これらを結びつけて考えてみる

今までわかったことを結びつけて考えると何が見えてくるでしょうか？

任天堂が古い歴史を持っていることがわかったので、京都という歴史ある地域との親和性は高そうです。

でも、1889年ってもう明治時代に入っていますし、この当時はもう都（首都）は東京だったはずです。何か特別な理由でつながっている部分があるのでしょうか？

そもそも、1889年の創業時って、まだコンピューターゲームは売っていないはずです。一体どんなおもちゃを作っていたんでしょうか……？

さて、何か思い付きましたか？

これは、1889年に任天堂が開発していたおもちゃが一体なんだったのか、ということを考えると見えてきます。

100年前の娯楽って、一体なんだったと思いますか？　今おもちゃ屋さんに売っているようなおもちゃはほぼありません。例えばトランプも海外のものだし、カードやぬいぐるみなども今と同じようなものはなかったことでしょう。

でも日本古来のおもちゃである、「花札」や「かるた」などは、この当時からありました。

そもそも、昔の時代の「遊び」というのは、働く必要のないような、暇を持て余している貴族などがやっていたものです。そう考えると、約20年前まで1000年間都であった京都で花札やかるたが特に流行っていたと考えられますよね。

そして、この花札やかるたを作って売っていたのが、任天堂だったわけです。だから任天堂は、今もその伝統を引き継いで、京都に本社を置いているというわけなのです。

そもそも、任天堂という社名は「天に任せる」という名前になっていますよね。この社名にはいろんな由来がありますが、当時ギャンブルでも使われていた花札をたくさん作っていたことも由来の一つと言っていいのではないでしょうか（これはただの憶測ですが）。

もう一つ考えられるのは、京都は大学の多い地域だということです。京都大学を始め、同志社大学や立命館大学など、京都にはいろんな大学が集積しています。都道府県の人口に対する大学生の比率で一番高いのは京都です。アメリカ合衆国のシリコンバレーでＩＴ産業が盛んな理由と同じで、大学が近くにあるからこそ、優秀な人材も集めやすく、研究も進みやすい、ということが言えるかもしれません。シリコンバレーにはスタンフォード大学があって、その人材がシリコンバレーの会社に就職するわけですが、京都も同じような現象が起こっているかもしれません。ゲームも正確にはゲームソフトと言いますし、そう考えると、もちろんこれは憶測ですが、京都は日本のシリコンバレーと言えるかもしれませんね。

ということで、任天堂が京都にあるということにはいろんな意味があるのです。企業にはそれぞれの歴史があります。みなさんも任天堂以外にもいろんな企業の裏側を調べてみたら面白いかもしれません。

解答例

京都は歴史的におもちゃ産業が盛んで、加えて大学が多く優秀な人材が集めやすかったから。

問題

Q4

なぜ関東地方は人口が多いのか？

東京を中心とする関東地方の人口が多いのはなんとなく想像がつくと思いますが、関東地方に日本の人口の何割が暮らしているのか、みなさんは知っていますか？　その数、4千万人以上です。日本全体の人口が約1億2千万人ですから、その3割強、日本人の3人に1人が関東地方に住んでいると言われています。

関東地方は、面積的には日本の8つの地方の中で6番目の大きさであり、北海道や九州地方よりも小さいのです。それにもかかわらず、関東地方は人口では日本でトップです。

なぜ、関東地方はこんなに人口が多いのでしょうか？　もちろん「江戸時代に参勤交代で全国の大名が江戸に集まったから」といった歴史的な背景もあるのでしょうが、他にもいろんな理由が考えられます。実は、関東には日本有数の人口を抱えるだけの優位性があるのです。

なぜ関東地方の人口は、日本人の3分の1を占めるほど多いのでしょうか？

紐解くためのアイデア

①関東地方の特徴を考える

まずは関東地方がどういうところなのか考えることから始めてみましょう。

- 関東地方の大半を関東平野が占めている
- 日本列島の中で真ん中あたりに存在している
- 江戸時代から幕府が置かれたので、「東の京」＝「東京」がある

こんなところでしょうか。

②人口が多い地域の特徴を考える

次に、人口が多くなりやすい地域の特徴を考えてみましょう。

当たり前ですが、政治や経済の中心になっている地域というのは、人口が多くなりがちです。「首都である東京があるから人口が多い」というのは間違いありません。「徳川家康が江戸＝東京を日本の中心に据えたから」というのはこの問いの答えの一つではあるでしょう。

しかし、「首都があるから人口が多い」だけでは説得力が弱いです。例えば他の国の首都を調べてみると、ブラジルの首都ブラジリアやオーストラリアの首都キャンベラは国内の主要都市よりも人口が少なく、「首都があるから人口が多い」というだけでは関東地方に人口が集中する説明としては不十分です。何か他に、関東地方が人口をたくさん抱えることができる理由があったのではないでしょうか……？

さて、何か思い付きましたか？

解説

この問いを解くための鍵は「関東平野」の存在です。

実はこの関東平野、日本で一番大きな平野だったりします。日本の土地は約7割が山や丘で木々に覆われています。つまり、人が住むのに適した場所は日本の国土面積の中でも3分の1しかないのです。

先ほど、関東地方の大きさは日本全国で6番目だと言いましたが、平野の大きさであれば他の地方にも引けを取らないのです。この平野のおかげで、東京に人口が集中して「もう住むところがない！」となってしまっても、隣県に住んで日中は東京に通えばいい、という暮らし方もできるわけですね。

そしてその平地が、農業にも適しているのです。

中学校で習うことですが、関東ローム層という赤土が関東平野を覆っていて、先人の労もあっていろんな農作物を育てることが可能となり、東京のたくさんの人口を養えるようになったわけです。

……というのが、関東平野を起点としたこの問いの解答です。

ただ、地理的な考えだけでも他にも解答は考えられます。

例えば、日本の他の地域と比較してみましょう。京都や奈良よりも東京の方が人口が集中しているのは、江戸幕府が置かれたという歴史的背景もありますが、地理的な理由も関係しています。京都・奈良は山に囲まれた盆地で、土地が狭いです。だから人口が増えるのに適しません。

また、同じ平野で比べれば、越後平野の方が農業に適しています。新潟では稲作が盛んで、たくさんの農作物を作ることができますよね。しかし、関東平野の方が面積自体が大きく、人口を抱えるという点では関東平野の方が適しているのです。このように、この問いは着目する点によって別解を出すことができるのが面白いですね。

模範解答はここまでにしますが、歴史的背景に着目して「江戸は徳川家康が開発するまで都市化されていなかった、歴史的には新しい地域だからこそ人口が集まりやすい工夫をすることができた」など、他にもいろんなことが考えられます。ぜひみなさんも別解を考えてみてください！

解答例

日本最大の平野である関東平野が食料生産地としても居住地としても他所よりも優れていたから。

問題

Q.5

なぜ福岡市は日本で一番人気の街なのか？

みなさんは、日本で一番人気な街はどこか、知っていますか？

実は正解は、福岡県福岡市です。大東建託がまとめた「住みたい街　自治体ランキング〈全国版〉」を見ると2022年現在まで福岡市が3年連続で1位になっているのです。

さて、みなさんはこのランキングに対して、納得できますか？

「福岡市かあ。確かに福岡にはおいしいものいっぱいあったなあ」と思う人もいるでしょうが、反対に、「福岡市？　なんでそんなランキングが高いの？」「自分の住んでいるところも、かなり住みやすいと思うけどな」と感じる人もいるでしょう。

しかし、それだけランキング上位になるということは、きっとなんらかの客観的な理由があると考えられます。他の市に比べて住みやすい点や、生活上便利な点などがあるはずです。

なぜ福岡県福岡市が、「日本一住みたい」と言われているのでしょうか。

誰もが一度は物件探しで「自分が住みたい街の条件」を考えたことがあるはずです。身近な経験を思い出しつつ、答えを探っていきましょう。

紐解くためのアイデア

①福岡市について考える

まずは、福岡市について調べてみましょう。

- 福岡市は人口100万人を超える政令指定都市で、九州最大の都市
- 手に入れたいものが東京や大阪に行かなくても手に入る
- 都市区画がきちんと整備されていて、人が多く住んでいるベッドタウンと、その多くの人が買い物する商業施設がしっかりと整えられている
- 中心地である博多から福岡空港まで車でも電車でも5分から10分程度で行くことができる
- もつ鍋や豚骨ラーメン・水炊き・明太子など、おいしい食べ物がたくさんある

こんなところでしょうか。なるほど、確かにいい街なんだろう、と想像できますね。

でも、政令指定都市やおいしい食べ物がある街なら他にもありますよね。これだけでは「住みたい街全国1位」にはならないですよね。もう少し深掘りしていきましょう。

②住みやすい街の条件を考える

次は、問いの要素を分解して考えてみましょう。福岡市は一旦置いておいて、一般論として「住みやすい街」がどういうところなのかを考えてみましょう。

例えばみなさんが新しくアパートを借りてそこに住もうとする時、どんな条件を出すでしょうか？　それを考えると、見えてくるものがあると思います。

解説

- 交通網がしっかりしていて、移動が楽である
- コンビニやスーパーなどで生活用品が買いやすく、利便性がある
- 近くにおいしいレストランなどがあり、食事がおいしい

「駅から何分」とか「コンビニが近い」とか、住む時によくアピールポイントとして書いてありますよね。なので、これらがあるといい住み心地になるはずです。

または、「職場が近い」「学校が近い」というような要素も関係あるかもしれません。その人がいつも通う場所から近いところに家があれば、移動が簡単ですもんね。

これらの条件が、福岡には揃っているということなのでしょう。一体、他の都市にはない福岡ならではの強みは何なのでしょうか。

さて、何か思い付きましたか？

福岡市が人気なのは、いろんな理由があります。今回は、①福岡市内の交通の便、②九州地方の食の中心、の2点で説明してみます。

①福岡市内の交通の便

まず、福岡市の特徴と住みやすい場所の特徴でマッチしているのは、移動の面です。

- 博多から空港まで5分から10分程度で移動できる

これはとてもラッキーです。どこかに観光に行く時にも、ビジネスで出張する時にも、飛行機を使うことは必要不可欠ですよね。空港が遠いと、時間がかかってしまって不便です。東京から1時間程度かかる千葉県の成田国際空港のように、空港は都市の中心から少し離れていることが多いですが、福岡空港はとても便利です。

・電車やバスなどの公共交通機関が発達している

次は電車やバスです。車を使わなくても、地下鉄や私鉄、さらにバス路線が網の目のように広がっているので、移動が簡単です。地方都市の中には、やはり自家用車がないと移動が大変という都市も多いです。でも福岡市は自家用車を持たずに移動できるので、その点が楽なわけです。

・場所的にも、本州にも九州の他の地域にも行きやすい

また、そもそも福岡市は場所的に恵まれていると思います。九州地方の他の県のどこにでもアクセスしやすく、また九州地方と本州の結節点に位置しています。仮に九州の他の場所で仕事があるとなっても、本州の山口県で仕事があるとなっても移動しやすく、そして新幹線が通っているために移動が楽なわけですね。

福岡市はきちんと交通網を発達させることを都市計画に組み込んで街づくりが行われていたので、移動が楽なように作られているわけです。

ということで、まずは移動がとても楽なのが福岡の魅力です。

②九州地方の食の中心

次は食です。先ほどの調査で、食がすごく揃っているということがわかりました。

でも、なんで福岡って食がこんなに発達しているのでしょう?

その答えは、九州地方のおいしいものがたくさん揃っているからではないかと私は思います。

例えば、博多といえばもつ鍋が有名ですが、そのもつ鍋に使われているお肉は博多で取れるわけではなく、牧場で牛などを育てて作るわけですよね。九州地方は畜産で有名で、宮崎県でも熊本県でも鹿児島県でも畜肉がよく生産されています。

また魚もおいしいです。福岡県の沖合には暖流の対馬海流と寒流のリマン海流がぶつかる潮目と呼ばれる好漁場がありますし、九州全土で獲れた良質の魚も集まってくるからです。

このように、周辺の県から様々な農畜産物や水産物を新鮮な状態で集められることが、福岡の多様な食文化を支えている一つ目の理由です。

このような食材の優位に加えて、先ほどの繰り返しにもなりますが、福岡県は九州地方の移動の結節点であることも影響します。福岡県自体が九州地方と本州をつなぐ場所にあり、歴史的にも九州地方だけでなく本州の人々も福岡に集まりやすかったという歴史があります。もっと言えば、日本で一番、韓国と近い位置にあるのが九州地方です。昔から、中国や韓国との海洋交易が盛んで、大陸からいろんな「食」が集まる地域だったと言えます。いろんなところの結節点だったからこそ食文化が多様だとも言えるわけですね。

ということで、福岡市が人気なのは、移動の面と食についての立地的な面の2つがあると考えられます。もちろん他にもいろんな理由が見つかるはずなので、みなさんぜひ考えてみてください！

解答例

福岡は交通アクセスがよく、食べ物もおいしいから。

問題

Q6

なぜ「たこ焼き」は大阪発祥なのか？

みなさんは、たこ焼きは好きですか？

たこ焼きは、独特の形をしたプレートに、小麦粉ベースの生地を流してタコを入れ、丸く焼いて食べる、大阪のソウルフードですね。「築地銀だこ」などの全国チェーンもあり、お祭りの屋台では必ずと言っていいほどたこ焼き屋を見かけます。日本人であれば一度はたこ焼きを食べたことがあるのではないでしょうか。

でも、たこ焼きってなんで、大阪が発祥なんでしょうか？　大阪にタコのイメージってあんまりありませんよね。大阪でたこ焼きが生まれたのは、どんな理由があるのでしょう？

関西といえば、お好み焼きなど粉物のイメージはありますね。これは、関西地域が日本で小麦を作っている地域である瀬戸内地域に近く、小麦を集めやすかったからだと言えるでしょう。しかしだからと言って、あの特殊なプレートで作るたこ焼きが生まれる理由としては弱いような印象があります。

どうしてたこ焼きは、大阪でできたのでしょうか？

紐解くためのアイデア

①もう少し情報を集めてみる

さて、大阪やたこ焼きについて調べる前に、少し情報を整理してみましょう。そもそも、たこ焼きっていつ頃にできたものなのでしょうか？

なんとなく歴史がありそうに感じる人もいるでしょうが、実はなんと、たこ焼きは昭和初期に誕生したのです！　１９３３年ごろに、大阪の屋台で作られたのが最初だという説があります。当時はラジオ焼きという名前で、具にすじ肉を使ったものが流行っていたそうなのですが、その具の中身をタコに替えたのが始まりなのだそうです。

これを踏まえて、もう少し詳しく調べてみましょう。

②大阪について考えてみる

大阪やたこ焼きについて、もう少し詳しく調べてみましょう。まず、大阪といえばどんなイメージがあるでしょうか？

- 商人の街であり、古くは天下の台所として栄えた
- 阪神工業地帯があり、中小規模の町工場がたくさんある
- 「くいだおれ」という言葉があるくらい、食に対してお金を掛ける文化がある

といった感じでしょうか。

食文化が発達しやすい地域だったというのは、一つ今回の問いを解く上で重要なポイントかもしれませんね。

③たこ焼きについて考えてみる

では次に、たこ焼きについてです。

・小麦粉ベースで作られていて、中にタコが入っている
・鰹節や青海苔・ソースなどが使われている
・屋台や出店などで作られていて、熱々が好まれる

こんな感じでしょうか。いろんな情報が出てきましたが、直接の答えがなかなか見えてきませんね。どうしてたこ焼きは、大阪で作られたのでしょうか……？

さて、何か思い付きましたか？

解説

まず考えられるのは、大阪が「食文化の中心」であったということでしょう。その中でも特に、屋台などのテキ屋で買った食べ物を、食べ歩くという文化があったわけです。

この、「食べ歩き」の文化と、たこ焼きってすごくマッチしています。

みなさんは、たこ焼きって「どこで」食べますか？　多くの人は、ちょっとした街のたこ焼き専門店で買って立ち食いする場合が多いと思います。たこ焼きって、他のものと違って、お店で座って食べたりとか、小料理屋さんで何かと一緒に食べるということはあまりしないですよね。大阪でたこ焼きが流行したのは、大阪の食べ歩きとたこ焼きの売られ方がマッチしていたからだと考えられます。

そしてもう一つ考えられるのが、阪神工業地帯の存在です。

「え？　工業地帯なんて食になんの関係もないんじゃないの？」と思うかもしれま

せんが、そんなことはありません。

たこ焼きを作ったことがある人なら、すぐに答えは思い付くはずです。たこ焼きを作るプレートって、結構特殊な形状ですよね。丸い形に縁取られている、あの特殊なプレートがないとたこ焼きを作るのは難しいですよね。

これは想像ですが、たこ焼きが流行した時に、「たこ焼きの屋台を作りたい!」と思ったとしても、あのたこ焼き器を作れる工場がなければ、きっとたこ焼き屋がたくさんできることはなかったはずです。阪神工業地帯の、中小規模の工場があったおかげで、「たこ焼き器を作って欲しい」という発注ができたのではないでしょうか。

それに、阪神工業地帯の町工場で働いているような人たちの食文化に、たこ焼きという食がマッチしたと考えることもできます。町工場で働いているのは、肉体労働に従事する作業員・技術者が多いと言えます。そういう人たちには、安価で手早く食べることができるたこ焼きのような食が好まれたと言えます。

もう一つ、大阪は韓国人が昔から多い地域だったことも要因の一つと言えるかもしれません。先ほどたこ焼きの起源について、「最初はラジオ焼きというすじ肉を使ったものが流行っていたけれど、その具の中身をタコに替えたのが始まり」だと言いましたね。実はそもそもすじ肉を好んで食べていた人の中には韓国の人も含まれていました。韓国の釜山では、牛すじやホルモンを食べる習慣があったのです。そして、釜山では同じように、もう一つ好んで食べられている食材があります。それこそがタコなのです。だから、韓国の人の好みに合わせた結果、たこ焼きが生まれた、という見方もできます。

もちろん、これらは推測の域を出ない部分も多いです。しかし、大阪でたこ焼きができたのは、いろんな理由が絡まっているということは確かでしょう。ただ「大阪にいた誰々さんが最初に思い付いてたこ焼きを作ったから」というような偶然ではなく、いろんな要因が重なって、私たちはあのたこ焼きを食べられるようになったのです。

そう考えると、より一層たこ焼きがおいしく感じられますね。

解答例

ファストフードを好む大阪の食べ歩き文化、たこ焼き器を作れる町工場の存在、大阪に多くいた韓国人の食文化が融合してたこ焼きが生まれたから。

第2章 世界の不思議

あるテスト問題に挑戦してもらいます
ちなみにこれは東大の受験問題
そして ある受験生はこれと語学と面接のみで合格することができるのです
センターとか2次とか受けなくていいってこと?
そうです
えっ……

問題

Q7

なぜサッカーやラグビーなど、様々なスポーツはイギリス発祥なのか？

日本では野球やサッカーなど多くのスポーツが楽しまれていますが、みなさんはスポーツは好きですか？

身近な疑問を発見するときに大事な目線の一つに「なぜこの地域発祥なのか」というものがあるのですが、この観点で考えると、非常に興味深いのがスポーツの発祥です。

例えば、ラグビーやサッカー、テニス、ゴルフ、ボクシングやクリケットなどは、すべてイギリスが発祥だと言われています。また野球も、アメリカ合衆国ではなくイギリスが発祥だという説もあります。本当に、我々がよくやっているスポーツのほとんどはイギリスで生まれていると言っても過言ではないのです。

なんでこんなに、イギリスでたくさんのスポーツが生まれているのでしょう？　イギリスはサッカーの強豪国ではありますが、一般的にイギリス人はスポーツが得意、というイメージはあまりないという人が多いのではないでしょうか？

イギリスとスポーツ、一体どのような関係があるのか探っていきましょう！

紐解くためのアイデア

①イギリスについて調べてみる

まずは、イギリスという国に着目してみましょう。イギリスの特徴として考えられるのは、こんな感じでしょうか。世界史の教科書を読むと、こんな記述があります。

- 日本と同じ島国で、国土の多くには平原が広がっている。
- ヨーロッパの中でも大きな影響力がある国で、EU離脱は大きなニュースになった。
- 貴族制が色濃く、「英国紳士」という言葉があるほど。
- 世界で初めて産業革命が起こった国であり、昔は世界の工場と呼ばれた。
- 「日の沈まない国」と呼ばれるほど、世界中に植民地を持っていた。カナダやオーストラリア・インド・南アフリカなど。

イギリスという国のいろいろな特徴が見て取れますが、しかしスポーツのイメージとはどうしても結びつきません。一体どうして、イギリスでスポーツが生まれたのでしょうか?

②もう少し「発祥」について考えてみる

イギリスについて調べていてもなかなか見えてこないので、他の要素をもっと根本的に掘り下げてみましょう。

そもそも発祥とはどういうことなのか、ということについて考えてみましょうか。

例えばボクシングって、要するに人と人とが殴り合って決着を付けるという、どこの国でもやっているような「喧嘩」がスポーツになったものだと言えます。ということは、どこの国で生まれた、なんて本当は言えないはずです。

それなのに、「ボクシングはイギリスが発祥だ」と言われているのはなぜなのか、そこにメスを入れてみましょう。

答えは、「ルールを作ったのがイギリスだから」だと言われています。19世紀に、クインズベリールールと呼ばれるボクシングのルールが確立され、今でも残っているようなラウンド制などのシステムが作られたのだとか。もともとの歴史で考えると、「殴り合って勝ち負けを決めるスポーツ」というのは紀元前からローマで行われていたのだそうですが、「ボクシング」というスポーツ自体は、イギリスで初めて作られたのだそうです。

この話を聞くと、自ずと答えが見えてくるかもしれませんね……？

さて、何か思い付きましたか？

解説

イギリスというのは、18~19世紀には覇権を握っていた国でした。「パックス＝ブリタニカ（イギリスの平和）」と呼ばれるくらい、影響力が強かったのです。

世界で初めて産業革命を経験したイギリスは、全世界に植民地を持ち、全世界にいろんな工業製品を輸出していたのです。例えば日本も、ペリーが来航して開国した後は、アメリカではなくイギリスが主な貿易相手国だったと言われています。

そしてだからこそ、イギリスのスポーツが世界中に広まったのです。イギリスで生まれたサッカーは19世紀に多くの国に広まったと言われていますが、ちょうどこの頃、イギリスはいろんな国と貿易をして、世界中に植民地を作っています。クリケットも同じで、もともとイギリスでしか遊ばれていなかったスポーツだったのが、イギリスが世界のいろんな国と貿易するにつれて、世界中に広まっていったのです。

つまり、イギリスの影響力が強かったから、そのイギリスのスポーツが広まった、と考えることができるのです。

さらに、ボクシングのように、「もともとあったスポーツの原型が、イギリス人によってルール化された」という例もあります。テニスだってそうです。テニスは、屋外で遊ぶための設備や道具をイギリス人が考え出したことで世に広まったので「イギリス発祥」と言われているのですが、実はその何世紀も前に、フランスの修道士が行っていた、という記録もあります。「棒で球を打って遊ぶスポーツ」はいろんな国であったけれど、「テニス」という形にまとめたのがイギリスである、という話なのです。

「発祥」という言葉自体の意味を考えさせられる問いでしたね。

解答例

18～19世紀、覇権国であるイギリスが世界中に進出していくのと同時に、イギリスのスポーツのルールが国際的に広まっていったから。

問題

Q8

なぜアメリカ人より
アラブ人の方が
肥満の人の割合が
高いのか？

みなさんは、西アジア・中東の人たちに対してどんなイメージを持っていますか？

サウジアラビアやアラブ首長国連邦・クウェートなど、石油が豊富に産出される
これらの国々は、「産油国」と呼ばれています。だから、なんとなく「アラブの石油王」の姿を想像する人も多いのではないでしょうか？

石油王って恰幅のいいイメージがありますが、アラブの国々って実は、肥満の人の割合がアメリカ人より多いのをご存じですか？ 生活習慣病の人が多く、フィットネスクラブやジムに対して多額の補助金を出すなど、国をあげて、国民が運動することを支援しています。アラブ首長国連邦のドバイでは「ドバイ・フィットネス・チャレンジ」と呼ばれるイベントが開かれており、10月末から1ヶ月・30日間毎日30分間のスポーツをしましょう！ という呼びかけが2017年から行われています。

そうしたイベントをしなければならないほど、肥満の人の割合が中東では高いのです。

これは一体、なぜなのでしょうか？

紐解くためのアイデア

①肥満について考える

まず、肥満について考えてみましょう。アメリカ合衆国は大食漢が多く、マクドナルドなどの高カロリーな商品を提供するハンバーガー屋さんも多いので、太っている人が多いことは有名な話です。でも、そんなアメリカ合衆国よりも中東の方が太っている人の割合が高いというのは、ちょっとびっくりですよね。

ということは、中東に「人を太らせる何か」があるのかもしれません。そして、先ほどの問いのところでもあった通り、スポーツを推進していることから、スポーツがなかなかできない環境なのではないかと考えることができるでしょう。

②中東の国々の特徴を考えてみる

では次に、中東についてその特徴を調べてみましょう。中東は、西アジアに位置する国々です。地図やネット・地理の参考書で調べると出てくることとしては、

- 砂漠気候であり、雨が降る日が少ないこと
- 日中の平均気温がとても高いこと
- 石油の輸出でお金が儲かっており、国民の所得が高いこと

などが挙げられるでしょう。雨が少なくて砂漠が広がる暑い地域なので、スポーツに適した国々ではなさそうです。これは肥満につながりやすい要因でしょう。

また、お金持ちが多い、というのも他の国と比べたときの特徴になります。これも実は、豊かな食生活を通じて肥満につながるものなのです。

これである程度答えが見えてきましたね。

解説

まずとてもシンプルに言うと、「所得水準が高く、おいしいものを食べる人が多いけれど、外に出て運動する機会が少ない。だから、中東では肥満の人の割合が高い」と考えることができます。

例えばみなさんも、「お金が入ったから今日はおいしいものを食べよう!」と考える人は多いのではないでしょうか。多少の例外もありますが、全世界的に、国民がお金持ちになればなるほど、肥満の人の割合は高まる傾向があります。そんな中で、世界トップクラスの所得水準をもつ中東の国々の人は、おいしいものをたくさん食べて、太ってしまう人が多いわけです。

通常、たくさん食べても、その分運動すれば、痩せた体型を維持できるでしょう。しかし、それができないのが中東です。砂漠地帯で、外に出ない日も多く、移動はほとんど車で済ませてしまって、外に出て運動するなんて全然しない、という人も多いのです。

そして、それ以外にももう一つ、中東だからこそ肥満が助長されてしまう面があるのです。

実は中東は、「肥満である＝富の象徴」と言う文化があるのです。

中東は砂漠が多く、昔は食物が豊富ではありませんでした。だからこそ、肥満な人＝お金を持っている人というイメージがあるのです。日本では豊満な男性はあまりもてないイメージがあるかもしれませんが、中東ではその逆の価値観があるということですね。

もっと遡って考えていくと、砂漠地帯では農耕が難しいため、動物を狩猟して食べて生活する狩猟民族が中心です。つまりは肥満体の男性は肉をたくさん食べられるほど強い、というイメージがＤＮＡに刻まれていると言えるかもしれません。もちろんこれは憶測ですが、しかし事実として、食文化も野菜を豊富に食べるのではなく、ステーキやファストフードなどのカロリーの高いものを好む傾向があります。

加えて考えられるのが、イスラーム（イスラム教）の影響です。中東の人の多くはイスラームを信仰していますが、イスラームではお酒を飲むことが禁じられていいます。だから、お酒以外のいろいろな娯楽、例えば甘味などが好まれる傾向があり、中東のお菓子は驚くほど甘いです。これは肥満な人を増やす一つの原因になっていると言えるかもしれませんね。

問題文でも触れましたが、中東では肥満が社会問題となってしまったため、スポーツの推進が行われています。中東の豊かな国では、国民の医療費を無料としている国が多いからです。国民の多くが放っておくと肥満体で生活習慣病の病人になってしまい、その分国が負担する医療費が増えてしまいますから、国としては、国民には健康に生きてもらわなければなりません。

だからこそ、「国民が運動することを支援する」という解決策を取っているのです。太ってしまった分、定期的にみんなで運動して、少しでも生活習慣病を改善しようという支援を行うわけです。

スポーツジムやフィットネスクラブは、室内での運動を推進するものです。スポーツに適さない外の運動ではなく、室内で運動することができ、多くの人たちが安全かつ快適に運動できるわけですね。

ところで、こうしたスポーツジム・フィットネスクラブが流行しているのは、何も人間だけではありません。実は、サウジアラビアには犬のスポーツクラブもあるのです！　乾燥地帯でなかなか散歩に行けない飼い主が多い中で、このスポーツジムがあるおかげで、犬は快適に運動ができています。

脱線してしまいましたが、アラブ人の肥満には深い意味があったのですね。

解答例

経済的に豊かになり食生活が向上したが砂漠気候のため運動ができず、また肥満をよしとする文化があるから。

問題

Q9

なぜインドカレーは米ではなくナンと食べるのか?

みなさんはインドカレー屋さんに行ったことはありますか？

インド人やネパール人が経営していて、タンドリーチキンやインドカレー・チーズナンなど様々なメニューがあるお店ですね。かなり日本で出店が多く、東京では駅ごとに2～3軒はあるイメージがあります。

そんなインドカレー屋さんに行くと、必ず聞かれる質問が、「ナンはいかが？」ですよね。もういいってくらい、お腹いっぱいになるくらいまでナンをおすすめされます。

しかし、よく考えると「カレーにナンをつける」のってちょっと不思議ですよね。どうしてインドカレーはナンなのでしょうか？

僕らの知っているカレーは、お米と一緒に食べますよね。家庭でナンが出てきた、という人はほとんどいないでしょう。でもインドカレー屋さんでは必ずと言っていいほどナンが出てきますよね。

なぜ、インドカレーにはナンなのか？　たかがカレーの話ですが、これはいろんな要因が絡んだ壮大な話だったりします。この問いを考えてみましょう。

紐解くためのアイデア

①インドはどういう場所なのか考えてみる

みなさんは、インドにどんなイメージがありますか?

- 中国と1位、2位を争うほど人口が多い、南アジアの国
- 国土面積も広く、日本の9倍
- 多雨な地域もあれば、乾燥した地域もある

そんなイメージでしょうか。他にも、数学がすごかったり、インド神話のスケールがデカかったり、英語が準公用語だったり、ITが進んでいたりと、いろんな特

徴があります。

②ナンはどういう食品なのか考えてみる

では次はナンです。ナンって、何でできた食品なんでしょうか？

正解は小麦粉です。作り方としてはかなりパンと似ていて、小麦粉に水や酵母を加えて専用の窯で作るのだそうです。

そう考えると、インドは乾燥地帯もあって、小麦が作りやすいはずです。ということは、インドでナンが作りやすい、というのも関係しているのだと推測できます。

③カレーの方にも注目してみる

インドではカレーにナンで、日本ではライスである理由には、もう一つ大きな要素が関係しているのではないかとも考えられます。

それはすなわち、カレーの違いです。ナンとライスの違いは、日本のカレーとインドのカレーの違いが関係しているとも考えられます。

日本のカレーはドロッとしていて多少甘口のイメージがあります。対してインドのカレーは、汁ベースになっていて、かなり辛いものも多いイメージがありますね。

そう考えると、固形の日本のカレーは、米にマッチしています。汁ベースのカレーに、米だと少し食べにくさがあります。こういう要素も関係しているのかもしれません……。

さて、何か思い付きましたか？

解説

この問いを解くためには、発想の転換が必要です。

カレーって、そもそも日本が発祥ではありませんよね。インドが発祥です。ということは、インドの方が本家です。我々はつい我々中心で物事を考えてしまいがちですが、インドの方が先なのです。

つまり、「インドカレーがナン」なのではなく、「日本のカレーが、世界の中で珍しく、ライスで食べられている」のです。

カレーライス、と私たちは普段言っていますが、海外だと日本のカレーのことを「カレー・アンド・ライス」と分けて呼びます。カレーは米と一緒に食べるものという認識は日本以外にあまりないのです。米が主食の日本が特別、カレーをライスと一緒に食べているのです。日本では、米とマッチするカレーが好まれていて、ドロッとした固形のルーが作られています。先にライスがあって、それに合う特殊なカレーを作っているのが日本人なのです。

逆に、日本の一般的な家庭のカレーがライスと一緒に食べるから、インド料理のカレー屋さんでは、ナンを提供するのかもしれません。日本では、米と一緒に食べるのがポピュラーなので、あえて日本では珍しいナンを提供してくれているのだと考えられます。

面白いことに、インドのカレーっていろんなものがあります。ナンと一緒に食べるカレーがポピュラーというわけではなくて、米と一緒に食べることもあるし、チャパティというナンと同じく小麦粉から作った料理と一緒に食べる場合もあります。地域によっては、ナンでカレーを食べたことがない、というインド人もいるのです。

インドカレー屋さんでナンが出てくるのは、インドの食文化の面というよりは、カレーライス主体の日本に合わせてくれていて「外食でカレーを食べるときにはいつもと違うナンが食べたい！」という需要に応えてくれているのですね。

今回、身近なカレー一つから、なんと日本の食文化やインドの気候についてまで理解を深めることができました。もちろんこれが唯一絶対の答えではありませんので、みなさんも自分なりの答えを考えてみてください。

解答例

日本の家庭ではカレーにライスを合わせるので、外食では別のカレーの楽しみ方ができるようにしてくれているから。

第3章 日本語の不思議

問題

Q10

なぜ日本人は緑色のものを「青」と呼ぶのか？

これまで文中の言葉に着目して身近な疑問を考えてきましたが、ここからは言葉そのものをテーマにした、日本語の謎について考えていきましょう。

信号機の色は赤、青、黄色と一般に言われますが、よく見ると青信号って青色ではなく緑色をしていますよね。みなさんは緑色の信号を「青信号」と呼んでいることに疑問を持ったことはありませんか?

慣習になっているので特に違和感を覚えずにスルーしてしまいがちですが、よく考えたら不思議ですよね。

日本人の色彩感覚をめぐる言葉については、他にも不思議なことが多々あります。野菜から作った緑色の汁を見て「青汁」と呼び、豊かな新緑を見て「青々とした木々」なんて表現しますが、これも冷静に考えるとおかしく思えてきませんか?

日本人は、どう見ても「緑色」なモノであっても、「青色」と呼んでいることが多いのです。これは一体、どうしてなのでしょうか?

紐解くためのアイデア

①そもそも色とは何かを考える

この問いを考える取っ掛かりが少ないので、まずはテーマである色について考えてみましょう。

みなさんは、実は虹は7色ではない、と言ったらどう思いますか？

「え？　どう見ても7色じゃん。赤・橙・黄・緑・青・藍・紫で7色だよ」

と思うかもしれないのですが、虹が7色に見えるのは日本人特有だったりします。アメリカやイギリスでは6色と言われていて、ドイツや中国では5色と言われています。赤とオレンジの境目が曖昧、という民族もいれば、青と緑を分けていないという人たちもいます。

私たちが、虹を見て7色だと思うのは、先に「こういう色」という分け方があって、それに引っ張られて見ているからだというわけです。

逆に言えば、芸術家の人たちは、我々が赤色だと思う色を見ても「これはクリムゾンで、これはストロベリーレッドだ」と、違う色として認識することができるわけです。

ということは、きっとこの問いを解く鍵は、色の「分け方」だと考えられます。

②色の歴史を考える

そう考えたときに調べたいのは、「そもそも我々が使っている色の分け方は、いつ頃できたものなのか」です。

元々、日本の色の分け方は4種類だったと言われています。

赤は明《めい》とも呼び、「夜明けとともに空が赤く色づいていく状態」のことを指しました。それに対して黒は暗《あん》と呼び、「太陽が沈んでしまった暗い闇の状態」のこと。白は顕《けん》と呼び、「夜が明けて辺りがハッキリと見える状態」のこと。そしてそれ以外の色は青＝漠《ばく》と呼ばれていて、「青みがかった状態」のことを指していたのだとか。つまり、元々日本は赤青白黒だけだったのです。きっとこの時には、虹を見ても4色だと考えていたのではないでしょうか。

この時の名残で、赤青白黒は他の色に比べて、今でも特殊な色だと言っていいでしょう。

例えばこの4色は形容詞になります。「赤い」「青い」「白い」「黒い」とは言いますけど、「緑い」って言いませんよね。また、「赤の他人」とか「腹黒い」とか「青二才」とか「面白い」とか、この4色を使った慣用句だけたくさんありますよね。これは、この4色が古くから存在していた色だからだと言えるでしょう。

さて、ここまで考えられれば、なんとなく答えが近付いてくるのではないでしょうか？　みなさん、わかりましたか？

解説

まず調べてわかることとして、色としての歴史は「青」の方が先であり、「緑」という言葉が生まれたのはその後だとわかります。とある研究によると、緑色というのは、大体平安時代くらい、西暦1100年ごろに使われるようになったのではないかと言われています。それまでは、今の感覚で青色のものも緑色のものも、当時の言葉では「青」であり、特に区別されていなかったのではないでしょうか。だから、緑色のものを「青」と呼ぶのは、まだ「緑」という言葉がなかった時の名残だと考えられます。

よく考えると「緑色」って、自然のことを「緑」と呼ぶわけですから、私たちの時代で言うところの「オレンジ色＝オレンジのあの色」とかと同じ、即物的な言い方ですよね。

例えば私たちも、ちょっと淡い赤色を見て「赤色」と呼ぶ人もいれば、「オレンジ色」と呼ぶ人もいて、そのどちらも間違ってはいないと感じると思います。昔の人からしたら、青色と緑色は同じものと認識されていたのではないでしょうか。

しかし、緑色という色が生まれ、青色とはっきり分けるようになってから100年近く経ちました。虹と同じで、はっきり緑と青を分ける感覚が当たり前になってみて初めて、「あれ、なんかおかしいぞ。これは青色と呼んでいたけれど、緑色の方が正しいのではないか？」と思えるようになったのではないでしょうか。

もちろんこれはただの仮説ですし、他にもいろんな考え方があると思います。「言葉」というものが現実の認知を歪ませるというのは、言語論という分野で研究されているとても面白い現象です。もし興味があったら、もっといろいろ考えてみてください！

解答例

昔の日本には緑という言葉がなく、青も緑もまとめて「青」と呼ばれていたから。

問題

Q11

なぜ「不《ふ》甲《が》斐《い》ない」という言葉は二重否定なのにプラスの意味ではないのか？

さて、次も身近な日本語を見ていきましょう。みなさんは、「不甲斐ない」という言葉を使ったことはありますか？「頼りない」という意味ですよね。「なんて不甲斐ない奴なんだ！」なんて使います。でも実はこの言葉、一つの謎があるのです。「不甲斐ない」って、「不」と「ない」という2つの否定が入っていますよね。

こういう言葉って、二重否定と呼ばれていて、通常はプラスな意味になりますね。例えば、「願わない人はいない」と言ったら、「みんなが願う」という意味ですよね。「飲まずにはいられない」と言ったら、「飲む」という意味ですよね。マイナス×マイナス＝プラス、というのが数学でも当たり前の話。普通は、二重否定というのは使われたら肯定的な意味になるものなのです。

しかし、「不甲斐ない」って、「頼りない」というマイナスな意味ですよね。二重否定は普通はプラスの意味になるはずなのに、なぜ、「不甲斐ない」はマイナスの意味になるのでしょうか？

紐解くためのアイデア

①「不甲斐ない」という言葉を調べよう

まずはウォーミングアップです。最初は、その言葉について調べてみます。辞書や語源図鑑で調べてみると、こんなことが書いてあります。

- 「不甲斐ない」というのは、江戸時代の「いふかひなし」という言葉が語源とされている（諸説あり）
- 「いふかひなし」は、「言っても仕方がない」↓「何かアドバイスを言っても無駄になってしまう」↓「情けない」という意味だった

②「不甲斐ない」を分解してみる

次に、言い換えたり、分解してみたりしてみましょう。

「不甲斐ない」という言葉は、「不」「甲斐」「ない」の3つに分けられます。このうち、「甲斐」は聞いたことがある人も多いと思います。「甲斐性がない」というと「情けない、頼りない」という意味になり、「奢ってくれないなんて、甲斐性なしだ」なんて使い方をします。これは、「不甲斐ない」とかなり似た言葉ですね。

では、「甲斐」とか「甲斐性」とかって、どういう意味なのでしょう。

「生き甲斐」「話し甲斐」という言葉があるように、甲斐というのは「効果」という意味で使われていますよね。そして甲斐性というのは、気合とか頼りになるところとか、そういうことを指す言葉ですね。

ということは、「不甲斐ない」は「甲斐ない」と、ほとんど似た言葉なんですよね。

そうなると今度考えなければならないのは、「不」ってなんだろう？　ということですね。2つのことを組み合わせてみると、このように新しい問いが見つかります。

解説

「不甲斐ない」の「不」について調べたところ、こんな答えが出てきました。実はこの不は、昔は「腑」という漢字だったのだそうです。「腑甲斐無い」が昔の表記だったわけですね。

ということは、「腑」と「甲斐」がない、と言い換えることができます。この腑というのは、臓腑の腑ですよね。つまり、人間の身体で重要な役割をする臓器のことを指しているわけですね。

「腑抜けたやつ」という言い方があります。これは、「臓器がないやつ」「肝っ玉がないやつ」というところから転じて、「度胸のない、臆病者」という意味になります。ということは、「腑がない」というのは「臆病な人」のことを指すことになります。

不甲斐ないは、二重否定ではなく、「腑と甲斐がない」＝「腑がなく、甲斐もない」という意味になるわけです。そこから転じて、「度胸もなければ、甲斐性もない、そんな情けないやつ」という意味になったのだと推測できます。

言葉を調べて分解すると新しい問いが見つかり、意外な背景が判明しました。この要領で他の言葉の背景も探ってみてください。

解答例

「不甲斐ない」は昔は「腑甲斐ない」つまり「度胸もなければ、甲斐性もない情けないやつ」という言葉で、「腑」の字がのちに「不」に変わっただけで二重否定ではないから。

問題

Q12

なぜ鬼怒川はこんなに恐ろしい名前を付けられているのか？

今度は「地名」を考えてみましょう。地名も、その土地の地形や古い伝承や古い言葉が由来になっていることがあります。北海道の地名には、アイヌ民族の使っていたアイヌ語の音に同じ音を持つ漢字をあてたものが多く、札幌（「サリ・ポロ・ペッ」＝「その葦原が・広大な・川」または「サッ・ポロ・ペッ」＝「乾いた・大きな・川」の意味）や石狩川（「イ・シカラ」＝「曲がりくねった」の意味）はその例です。

しかし、地名には「なんでこんな名前なの？」というところもありますね。

例えば、関東平野を流れる「鬼怒川」という川があります。これは「鬼が」「怒った」川、と名前がついていますね。

なぜこんなに怖い名前がついているのでしょうか？

昔、鬼が暴れた伝承でもあるんじゃないか、と思うかもしれませんが、実はそんなことはありません。怖い名前、というと、日本にはいろんな怖い名前の地名があります。恐山とか、地獄谷とか、九鬼とか。でも、別に行ってみても普通の場所で、すごく怖い化け物がいたりとてもとても危険な場所というわけではないんですよね。

ではなぜ、こんなに怖い名前が付いているのでしょうか？

紐解くためのアイデア

①鬼怒川の特徴と歴史を調べる

まず、鬼怒川という川について調べてみましょう。

- 栃木県日光市に源を発し、温泉や紅葉でも有名な観光スポットになっているくらいきれいなところ
- 利根川の支流の中で一番長い川
- 昔は「絹川」と漢字で表記されていたが、その漢字が変わって、「鬼怒川」になった
- 非常に急な流れがあるわけではないが、氾濫する可能性もある

ということがわかりました。

でも、これだけではわかりませんね。もっと違う角度で調べてみましょう。

②川の氾濫について調べてみる

さて、「氾濫」というワードが出てきたので、もう少しこの点を深掘りしてみましょう。

例えば川というのは、急な豪雨に見舞われてしまったり、雨季になると水嵩が高くなったりすることがありますね。この鬼怒川も、昔から何回も氾濫をしていたようです。

古い文献などが残っているわけではないですが、これらの地域は人口が多い地域だったことが確認でき、きっと甚大な被害が出ていたのではないか、と考えることができるでしょう。

でも、それだけで怖い名前にするものでしょうか。一体どうして、わざわざ怖い

解説

鬼怒川という地名を深く調べると面白いことがわかります。昔は鬼怒川ではなく「絹川」と呼ばれていたというのです。にもかかわらず、後から「鬼怒川」と呼ばれるようになったのですね。

つまり、そうするだけの理由があったということです。絹川が鬼怒川になった、なんらかの出来事があるはずなのです。

その答えの一つになるのは、氾濫でしょう。大きな氾濫で、甚大な被害が出たことから、その氾濫した川を指して「鬼が怒ったような川だ」と形容したのではないか、ということはなんとなくわかるのではないでしょうか。

しかし、それだけだと、どうも不十分に感じられます。なぜなら川の氾濫なんていろんなところで起こっているはずですので、その川だけが特別大きな氾濫をしていない限り、「なぜ鬼怒川になったのか」の理由としてはなんだか物足りないように感じませんか。

想像をめぐらせてみて思いつくのは、後の世の人に対する、「戒め」だったのではないかということです。

鬼怒川は、一見すると全然氾濫しないような、大人しい川に見えます。だから、何もない時にはその川を甘くみてしまう人も多いでしょう。「氾濫なんてしないだろう」と。

しかし、すごく怖い名前がついていれば、「あの川はもしかしたら、鬼怒川なんて呼ばれているくらいだから、氾濫したら危ないのかもしれない」と考えることができるようになるのではないでしょうか。過去の氾濫を恐れてそう呼ばれた部分ももちろんあるのでしょうが、逆に、未来の氾濫を恐れて、リスクを忘れないための工夫として「鬼怒川」と呼んだのではないでしょうか。

もちろんこれは憶測ですが、名前というのはそういうニュアンスがある場合があります。地獄谷も、「ここは一見安全なところだけど、有事の際は地獄絵図になるよ」という戒めでそう名前が付いている可能性もあるでしょう。未来の害を防止するためにそういう名前がついているという考え方もできるのではないでしょうか。

解答例

鬼怒川が過去に氾濫を起こした危ない川である、ということを後世に伝えるため。

第4章 日本文化の不思議

花開き
発展していったのです
毎週マンガを
買えたのでしょう
からでは……
そうです
日本の子供は
お金を
持っているのです

問題

Q13

なぜ日本人は食文化をとことん追求するのか？

みなさん、卵かけご飯は好きですか？　朝食の定番ですよね。

でも、卵かけご飯って外国人にとっては驚きの食べ物だということをご存じですか？

生卵は、外国ではお腹を壊しそうだからあまり食べられないのです。

このように、外国人が日本に来ると「日本人って、なんでも食べるね！　食に対する追求心がすごく強いね！」と驚くことは多いです。

例えばタコ。タコは英語ではデビルフィッシュと呼ばれていて、食べない国が多いです。そもそもあの外見のタコを「食べよう」と思った人がいること自体がすごいですよね。フグに関しても、毒があっても食べたいと思ったからこそ、フグの毒を抜く技術が確立されたわけです。

それから、ワカメや海苔などの海藻を食べるのは日本人だけで、海外の人は海藻を食べるとお腹を壊してしまう、という説もあるくらいです。このように、日本は外国では食べないような食材を食べる文化が育った国だと言えるでしょう。

なぜ日本人はこんなに食文化の追求に余念がないのでしょうか？

紐解くためのアイデア

①日本の特徴を考える

まず、日本という国の特徴を考えてみましょう。

- 島国であり、大陸からの文化を受け入れつつも、独自の進化を遂げることが多い
- 温暖湿潤な気候が広がっていて、海の幸も山の幸も両方ある
- 山がちな地形で、国土の約7割が山や丘になっている
- 宗教のカラーが薄く、仏教を信じながらもクリスマスを祝ったりしている
- 人口はそこそこ多く、ヨーロッパのどの国より人口が多い

といった感じでしょうか。この特徴が、食文化にどのような影響を与えているの

でしょうか?

②食文化が発展する条件を考える

では次に、食文化が発展する理由を考えてみましょう。

食文化は、農村社会が発達すればするほど進展すると言われています。例えばイギリスの料理はまずい、なんてよく言われますが、これはイギリスが世界で初めて産業革命を経験した国で、早い段階で農村部から多くの人が都市部に移動してしまったことが原因だと言われています。

そう考えると、日本は山がちな地形であり、居住に向かない場所にも比較的人口が集中して農村社会が発達しやすかったと言われています。これは一つ、食文化が発展した要因だと言えるかもしれませんね。

でも、それだけではまだ不十分な気がしますよね。何かもっと、日本特有の理由はないものでしょうか……。

さて、何か思い付きましたか？

解説

この問いの解答はとても多様です。その中でも3つ、ここではご紹介したいと思います。

①宗教的理由

まずは、宗教の面から考えられることを述べたいと思います。

宗教的な戒律が強い地域では、食文化が厳しく制限される場合があります。

例えばイスラーム（イスラム教）の人たちは、豚を食べることが禁忌とされています。また、ラマダーンといって、断食をしなければならない時期というのもあったりします。ヒンドゥー教では牛の肉を食べてはいけなかったり、ユダヤ教ではイカやタコを食べてはいけなかったりします。

それに比べて、日本は宗教的戒律がそこまで強くはありません。

江戸時代などは「肉や魚は食べてはいけない」なんて戒律もありましたが、猪の肉を指して「これはぼたんの肉だから食べていいんだ」なんて言って、言葉巧みにうまく戒律を避けるような動きもあったりしました。そう考えると、日本は厳しい宗教的な戒律を持っていないから、食文化が発展したのだと言えるのではないでしょうか。

逆に、厳密には宗教とは若干違うかもしれませんが、日本は古来から「もったいない」の精神があると言われています。万物に神が宿るという八百万の神の信仰があり、すべてのものを利用して、捨ててしまうことを嫌う。

そういう精神性が、「とりあえず食べてみよう」という精神を育んだと考えることもできますね。

②地理的要因

日本が島国だったから、という理由も考えられそうです。地続きの国があったりしたら、「この食品は食べてはいけないらしいぞ！」というような外国の食文化がもたらされたことでしょう。

しかし、日本は全て、自分の国の中で食文化を開拓していかなければならなかったと言えます。

だから、ナマコとかタコとか「これ食えるのか⁉」と思うようなものも、一回食べてみて、「どう調理すればおいしく食べられるのか」を考えるようになったのだと考えられます。

余談ですが、魚卵を食べるのも日本独自だそうです。イクラやウニは、外国人のお寿司人気ランキングではかなり下位になるのだとか。確かにキャビア以外で外国人が魚卵を食べているところを見たことがありませんね。

要するに、食文化がガラパゴス進化（独自の進化）を遂げた結果が、日本の食文化だと言えるのです。

③地形的・気候的要因

日本は、山がちな地形で海に囲まれ、南北縦長で気候も変化に富み、多様な食物がある国です。

田んぼがあるだけでなく、山の幸も多く取れるし、海の幸も豊富に取れるので、他の国に比べて、「これだけを食べて生きていこう」というような食べ物が少なかったと言えます。

砂漠の気候の中では、多様な食べ物を食べようという発想は生まれません。でも、いろんな食材がある日本だからこそ、つまり食材が多様だからこそ、とにかくいろんな料理が生まれたし、それに対して「挑戦」していく思考が生まれたのではないでしょうか。

ということで、この問いにはいろいろな理由が考えられます。もちろんここであげているものだけでなく、他にもいろんな理由があるでしょう。暖流と寒流の「潮目」が近いから他にはない海の幸が取れるとか、人口が多いからいろんなものを食べないと人口が維持できなかった、とか。

この問いに唯一絶対の答えはありませんが、しかしいろんなことを考えていく発想は重要です。

みなさんもぜひ自分ならではの別解を考えてみてください。

解答例

日本は食文化を厳しく制限する宗教がないのに加えて、島国なので自力でゼロから食文化を開発する必要があり、そのうえ食材が豊富だから。

問題

Q14

なぜゴジラは東京タワーを壊すのか？

みなさんは、アニメや映画で怪獣が登場する物語を見たことがありますか？『ゴジラ』とか『モスラ』とか『ウルトラマン』とか、いろんな作品で怪獣が登場し、正義のヒーローたちによって怪獣たちは葬られてきました。

そんな中で、東京タワーって、実は何百回も壊されている、という話を知っていますか？

もちろんそれは、映像作品の中の話です。特撮映画やアニメの中で、東京タワーは何度も何度も何度も、怪獣によって倒壊させられているのです。

「そんなの、当たり前じゃん！」と思うかもしれませんが、実はこれ、「当たり前」ではないのです。海外の映画では怪獣が登場しても、その多くは建物を壊したりはしません。例えばキングコングはアメリカ合衆国のシンボルであるエンパイアステートビルに登ることはしますが、登るだけで、壊したりはしないのです。

では問題です。なぜ、日本の怪獣作品では建物が壊されてしまうのでしょうか？

紐解くためのアイデア

①メディアというものを考える

この問いは結構難しいですね。どこからどのように考えればいいのか、悩んでしまいます。

まずは「映像作品のなかで壊されているというのがどういう意味を持つのか」を考えてみましょう。

アニメでも映画でもテレビでも本でも、情報を届けるものは「メディア」と呼ばれます。メディアは多くの人から見られ、見た人に多くの影響を与えるものです。

でも、全く逆の捉え方も存在します。それは、「人は見たいものを見るものだから、メディアが取り上げるのは、多くの人が『見たいもの』である」という考え方です。

そう考えると、メディアはその国の国民性を表していると考えることができます。ゴジラで東京タワーが壊されるのは、日本人がそれを受け入れているから、もしくは見たいと思うから。逆にキングコングがビルを壊さないのは、アメリカ人がビルを壊す怪物を見たいと思わないからである、ということです。

こう考えると、一歩思考がゴールに近付きましたね。つまり、「日本人はなぜ、ビルが倒壊したり怪物に建物が壊されたりするのを見て面白いと感じるのか」という問いに変化させることができるわけですね。

②日本人と建物について考える

では、「日本人」と「建物」について考えてみましょう。実は日本の建物って、調べてみると海外の建物とは違う点が多いと言われています。

まず、地震が多いので、日本で建物を作ろうとすると「耐震強度」を気にしなければならないという話があります。海外では地震が少ないので、地震で建物が倒壊する可能性をあまり考えなくていいわけですね。

また、古くは石やセメントではなく木材で家を建てていたというのも一つの特徴でしょう。

世界的には平地に林が生えていることが多いので開拓が早いうちから進められていて、木を使った家が主流の地域が少ないのに対して、日本は山に林が生えている山林が多いので、開拓がゆっくりで、伐採されずに木材が残っている場合が多いのです。

現存する世界最古の木造建築物は、奈良にある法隆寺です。世界では石で建物を作っていたのに対して、日本は自然が豊かなので、木で建物を作ることが多かったわけですね。確かに日本のお寺とかって、大抵木造ですよね。

これらのことは、ゴジラが東京タワーを壊すのと、どうつながってくるのでしょうか……。さて、何か思い付きましたか？

解説

今回の問いには、多様な理由が考えられます。今回は、その中でも3つの考えを紹介します。

①歴史的背景

まずは、歴史から紐解いて考えてみましょう。そもそも東京って、20世紀の間に、2回ほど建物がほとんどなくなるくらいの大きな出来事が起こったのですが、知っていますか？

1923年の関東大震災と、第二次世界大戦の時の東京大空襲です。

関東大震災は、死者・行方不明者の数は10万人を超え、日本の自然災害史上最悪と考えられています。また東京大空襲は、東京が一面焼け野原になるような出来事だったと言われています。そんな出来事があって、その後に東京タワーというのは作られているんですよね。

アメリカ合衆国や他の国の首都では、建物がこんなに一挙になくなるような出来事って起こっていません。それも、近年で2回も経験している国は日本だけと言っていいと思います。だからこそ、日本人は「建物が倒壊する」ということに対して、あまり恐怖感を抱いておらず、「ああ、またか」くらいの考え方なわけです。

②地理的背景

次に、「建物が倒壊するということに対してあまり恐怖心がない」理由として、日本がそもそも「建物は壊れるものである」という考えを持っているからだということも考えられます。

日本は、火山噴火も地震も水害も多い地域です。「自然災害で最も危険な都市ランキング」では、なんとトップ10に日本の3都市がランクインしています。世界的に見て、日本は建物が倒壊することがトップクラスに多い地域なわけです。もちろんそれを「当たり前」と思って見ているわけではないですが、しかし日本人は少なくとも「慣れて」いると言えます。

建物の材質も世界と日本で違いますね。日本に多い木の家って壊れたり、焼けたりしてしまうことが多いのに対して、石やセメントでできた建物はずっと長持ちします。木造最古の法隆寺は607年にできた建物ですが、石でできた万里の長城が作られ始めたのは紀元前7世紀だと言われています。ピラミッドなんて、約4700年前に作られたと言われているくらいですからね。

日本は、建物の倒壊に慣れている国だと言っていいのかもしれません。だから、東京タワーが壊れてもある意味「仕方ない」と受け入れられるわけです。

③文化的背景

「モノが壊れるのは当たり前」という感覚は、日本人の昔ながらの文化観に裏打ちされていると言えます。

「無常観」という言葉がある通り、日本は昔から、「永遠に続くものなんてなくて、素晴らしいものも栄華を極めた人も、いつかは力を無くしてしまう」という感覚を持っています。「驕《おご》れる人も久しからず　ただ春の夜の夢の如し」と平家物語の冒頭では語られていますが、まさにこの言葉通り、東京タワーのような象徴的なものも、いつかは壊れてしまうだろう、と当たり前に受け入れる国民性が日本にはあるのです。

海外では、キリスト教の考え方に「最後の審判」というものがあるように、「肉体は消えても魂は消えず、いつか最後の日に天国に行ける」というような考え方がポピュラーです。

「いつかは滅びる」と考える日本と、「いつまでも続く」と考える海外と。その対比があって、ゴジラは東京タワーを壊しているのだと考えることができるのではないでしょうか。

というわけで、ただ「ゴジラが東京タワーを壊す」というワンシーンであっても、いろんな考え方ができます。もちろん紹介した説がすべてというわけではなく、もっと多様な答えがあるはずです。ぜひ、今までに紹介した思考の型を使って自分なりの答えを考えてみてください。

解答例

日本は木造建築が主流な上に災害が多いので建物の倒壊に慣れていて、「形あるものはいつか壊れる」という思想に親しみがあるから。

問題

Q15

なぜ日本だけで駄菓子文化が栄えたのか？

みなさんは、駄菓子って好きですか？

駄菓子といえば10円20円といった安い金額で食べられるおいしいお菓子ですね。「うまい棒」とか「よっちゃんイカ」とか、いろんな種類がありますが、どれも子供から大人気で、また大人になってからも買ってしまうという人も多いと思います。また最近では駄菓子は外国人にもかなり人気で、日本に旅行に来て駄菓子を買って帰る外国人観光客も多いそうです。

そんな安い値段で子供が買うようなお菓子が売っている、という駄菓子文化は日本独特の文化なのです。海外では駄菓子のような文化はあまり存在しないのですが、なぜ日本で駄菓子が生まれたのでしょうか？

これを紐解いていくと、実は日本の子供たちの「育ち方」に大きなヒントがあることがわかります。我々が当たり前だと思っている身近な習慣が、駄菓子の文化を作る大きな要因になっているのです。

日本でなぜ駄菓子文化が花開くことになったのか、その謎を解いていきましょう！

紐解くためのアイデア

①駄菓子の歴史を調べる

まず、駄菓子文化について調べてみましょう。駄菓子ってそもそもいつごろからあったものなのでしょうか？

- 江戸時代には既に駄菓子の文化があり、大阪で生まれた
- はじめは黒砂糖で作った安いお菓子を売っていた
- 江戸の町の入り口を守る「番太郎」と呼ばれる人たちが売っていたので、「番太郎菓子」と呼ばれていた
- そこから、明治の時代に鎖国が解消されて日本に砂糖が流入し、明治～昭和にかけて長く駄菓子がたくさん量産されることになった

という流れだそうです。

なんと駄菓子は江戸時代からあった文化なんですね。でも、日本で駄菓子が生まれた理由というのはこれだけだとちょっと見えてきませんね。

②駄菓子が誰によって広まったか考える

発想を変えて、なぜ駄菓子が日本の文化になるくらい多くの人に愛されているのかを考えてみましょう。

まず駄菓子は誰が買うのでしょうか？　それは、子供ですね。もちろん例外もありますが、子供が自分のお小遣いの中で、駄菓子を買っています。

逆に言えば、外国ではあまり、自分で好きなお菓子を買ったりしません。おもちゃやゲームも含めて、親が子供に買い与えるパターンが多いのです。

ここにはきっと、駄菓子文化が栄える理由があるのではないでしょうか？

解説

駄菓子は、なぜ日本で流行ったのか？　それは、「子供がお金を持っていたから」だと解釈できます。

そもそも、外国ではお小遣いのシステムがない国が多いです。日本ではお小遣いをあげますが、外国では親が家庭のお金を全て管理して、欲しいものがあればそのときに子供に買ってあげるという国がほとんどです。お小遣いシステムのある日本だからこそ、駄菓子の文化が流行した、と言えるかもしれません。

もっと深掘りすると、なぜ日本はお小遣いシステムがあるのでしょうか？

日本の特徴を考えると、まず山が多いです。日本の国土は新期造山帯というものに属しており、地震も多いし火山も多いし温泉も多い、そういう国になっています。

日本の平野部の割合は他の国と比べてもかなり低くなっています。

そういう国土だと、川や平野といった資源を、多くの人で分配しなくてはなりません。国土の中で使える場所や使える資源が限られている以上、みんなでちゃんと分け合わないとうまくいかないのです。

しかも、これらの資源は結構管理が難しいんです。まず、資源が限られている以上、誰かが好き勝手に「ここ俺の土地な！」「この川もーらい！」などとやっていると、あっという間に戦《いくさ》になってしまいます。また、今でも起こる問題ですが、川って上流の人が水を取りすぎると下流の人が困りますよね？　自分のことだけ考えていては共倒れになる。そういうちょっと厳しい国土なのが日本なのです。

さらに、日本は米を主食とします。米というのは、水をきちんと引いてこないと作れないものです。平野部で、みんなで協力して米作りをするために、きちんとみんなで話し合って水を分配するようになったのです。

話し合って分配するようになると、今度は親族関係が密になっていきます。親戚一同が集まって、同じ苗字の人同士で仲良くなる習慣ができるのです。

そして、いつの頃からか、それらの人々が一年に一回、新年の最初に集まる習慣ができました。

これからの一年を無事で過ごせるように、親戚みんなで会って話す。こういうことは古くからの慣習として残っているものと思います。

そして親戚が集まった時に、「お年玉」を配るようになりました。「大事に使うんだよ」と親戚からお金を子供に渡す習慣があり、だからこそ子供たちは、自分の裁量でお金を使うことが許されているわけです。

そして、そのように自分でお金を使うことができたからこそ、子供は自分が本当に好きなものを買うことができました。

子供が欲しいものを自分で選び、それにお金を払うということができるようになるのです。

これは、外国ではあまり見られません。お菓子メーカーは、「大人目線」で商売していては、子供という「投資家」に見放されてしまいます。子供が本当に「いい」と思うものが選ばれていくので、子供の目線でいいものを作っていく必要が生まれたのです。だからこそ、子供がいいと思うようなお菓子＝駄菓子の文化が、日本に花開いたのです。

こう考えると、駄菓子がなぜ日本で栄えたのかがわかるのではないでしょうか。

さらにアイデアをふくらませると、駄菓子だけではなく、日本の漫画やアニメが文化として栄えたのにも、このような背景があるとも解釈できます。このように日本の文化を見直してみると、今までは気づかなかった日本の個性が見えてくるようになるかもしれません。

解答例

日本は親族のつながりから生まれたお小遣い制度があって、子供が自分の意思でお菓子を買うことができたから。

なお、日本で漫画文化が栄えた理由については、『ドラゴン桜』の作者・三田紀房先生による投資漫画『インベスターZ』で次のように語られています。そのシーンを合わせてご覧ください。日本独自のお小遣いシステムをより深く理解する一助となれば幸いです。

でしょうね……
では具体的に説明しましょう
世界に類がない日本のマンガ……
なぜこれほど発展したのかわかりますか?
日本のマンガがなぜ?
面白いから? え……どうしてだろう
理由は至極簡単 それは……

本屋で
子供たちが
買ったからです
子供たちが
買う?
そう……
子供たちが
毎週買う……
売れるから出版社は
どんどん発行する
さらに子供たちが買う
発表の場を求めて
優秀な才能が集まる
面白い作品は大ヒットし
出版社は儲かる
貯《た》まった資金を
新雑誌創刊に投資する
市場は
一気に拡大し
急成長する

こうして日本独自のマンガ文化が花開き発展していったのです
JOIN US!!
TVアニメ
ではなぜ日本の子供たちは毎週マンガを買えたのでしょう
それはお金を持っていたからでは……
そうです
日本の子供はお金を持っているのです

あっ お小遣い！
そうです
日本の子供は お小遣いを 持っているのです
毎月一定額の お小遣いに加え お正月には お年玉が貰える
また 親戚の集まりなど 日本の子供は お金を貰える 様々な機会が 与えられている
実は このように無条件で 子供にお金を 渡す国は珍しい
海外では子供に 自分で自由に使える お金を持たせることは ほとんどありません

え……そうなんですか？
アメリカなんか特にそうね
子供が欲しいものはクリスマスプレゼントでドカンとあげるみたいな……自分で買うことはまずしないしさせてもらえない
なんか不便……
欲しい時に欲しいもの自分で買いたい
そのためにお小遣い貯めたりいろいろ自分で工夫するもの
それよ……日本の子供はお金に関して自由な裁量を持ってるの
子供がお金を自分の考えで使える国なんて日本以外にない
そして使い方も日本の子供は節度があり非常に優れている
しかもそれを教育するシステムまで持っている

例えば遠足で食べるお菓子
300円の予算内でどうやってバランス良く揃えるかみんな頭を使って工夫する
昔は町に駄菓子屋があった
近所から小銭を持って集まり楽しい時間を過ごせる子供だけの世界を社会は提供していた
このように昔から日本には子供による子供のための消費文化があった
カンパイアメ
カンパイ
そしてこの文化は市場を作り経済に大きく貢献している

マンガの他にもおもちゃお菓子文房具……
どのジャンルも種類の豊富さと細やかな商品設計で大きく成長した子供市場！
子供に自由にお金を使わせ市場も整備されている……まさに日本は子供大国なのです

それもこれもすべて……
日頃からお金と接している日本の子供がいるから成立していることなのです
なるほど
実は私達って世界の子供にはない独特の金銭感覚を持ってるってことなのね

問題

Q16

なぜ日本は礼節を重んじる国なのか？

さて、今度はちょっと抽象的な、難しい問いに挑戦してみましょう。

日本って、礼儀作法がとても重んじられる文化がありますよね。敬語をしっかりと使えなければ上の人から怒られますし、挨拶をしっかりしなければいけません。どの学校でも、敬語や挨拶・礼儀作法について教え込まれます。

社会人になってからもそれは変わらず、いろんなマナーが存在しています。名刺の渡し方にお酒の注ぎ方・会議での座り順にタクシーやエレベーターの乗り位置……いろんなマナーやルールがある文化だと言えます。

マナー講師という人がいて、それが職業にまでなっている、というのも日本独特だと言えるかもしれません。

なぜ日本はこんなに礼儀作法やマナーが重要視されているのでしょうか？

この問いは、かなり抽象的で、「これ」という答えが明確にあるわけではありません。しかし、考えてみるとどこまでも思考が広がって、それがとても楽しい問いでもあります。ぜひみなさん一緒に考えてみましょう！

紐解くためのアイデア

①日本の礼儀作法の歴史を調べてみる

まずそもそも、日本の礼儀ってどれくらい昔からあったものなのでしょうか？　日本史の教科書などで、日本の礼儀作法に関係ありそうな出来事を調べてみると、こんな風になりました。

- 昔から貴族たちの間では儀式の際の作法などが厳格化されていた
- 604年に聖徳太子による十七条憲法が出され、役人のルールを定められた
- 1232年に御成敗式目が出されて、鎌倉武士のルールを定められた
- そこから武士道・武道ができて、江戸時代には小笠原流と呼ばれる礼儀作法が浸

透した

こうして見ると、歴史の中で礼儀作法が生まれたと解釈できそうですね。

②日本以外に、礼儀作法が重視される国を考えてみる

では次に、日本以外で考えてみましょう。日本以外に、このように礼儀作法が多い国というのはあるのでしょうか？

なんとなく、アメリカ合衆国などは礼儀作法にうるさくないイメージがありますね。授業などでも先生が話している横から口を挟んだり、ちょっとでも気になったら質問したりと、日本ではなかなか見ない光景が広がっていると言います。

逆に、礼儀やマナーが重んじられているイメージがあるのは、イギリスですね。

イギリスが舞台のスパイ映画『キングスマン』では、「Manners maketh man（礼

節が人間を作るんだ)」という言い回しが使われていました。マナーこそが、人を人たらしめる、という意味ですね。これはオックスフォード大学のニュー・カレッジ/ウィンチェスター・カレッジを創設した中世の神学者・政治家・教育者であるウィリアム・ホーマンの名言だと言われています。要するに、イギリスは礼節を重んじる国だと言えるというわけですね。

③日本とイギリスの共通点を考える

では、日本とイギリスの共通点はなんでしょうか?

- 立憲君主制(日本=天皇、イギリス=王様)
- 島国である
- お茶をよく飲む

なんて具合でしょうか。どちらの国も他の国に比べて経済力があるところなども似ていると言えるかもしれません。

これらの要因が、なぜ礼節を重んじることとつながるのでしょうか？

解説

それでは、ここまででわかった日本とイギリスのいくつかの共通点を手がかりに、礼節について考えていきましょう。

①島国である

さて、まず「島国である」というのは、日本とイギリスの礼節文化を育てた一因と言えるかもしれません。島国ということは、いろんな人種が混ざり合って国を作ったり民族が混じったりすることがあまりありません。

もちろん両国とも同一の民族で形成されているわけではありませんが、アメリカ合衆国が民族のサラダボウルと言われていたり、ラテンアメリカでは人種の融合が進んでいたりすることと比較すると、かなり同質な価値観を持つ人たちで作られた国だと言えます。

そうすると、人に対する「配慮」、そして「ハイコンテクストな文化」が育ちやすいです。

みなさんも、日本語を覚えたての外国人があまり敬語をうまく使えなかったとしても、怒ったりすることはないでしょう。でも、日本人の後輩がタメ口で話しかけてきたら「おいおい」と言いたくなると思います。同じ文化的背景を共有する者同士の方が、人間はコミュニケーションを取る時に多くを求めると言えるのではないでしょうか。

配慮することを求め、礼儀作法を求め、敬語を求め、マナーを求める。そういう、コンテクストを理解すること（空気を読むこと）を求めるようになるわけです。だから、島国である日本とイギリスは、礼儀作法が求められやすかったと言えるのではないでしょうか。

ちょっと脱線しますが、英語には敬語がない、なんて言いますが、これは実際には間違いだそうです。英語にも丁寧な表現というのが存在し、いくつかの表現は知っておかないとビジネスにおいてかなり印象が悪くなるのだとか。

島国であることがマナーを育てるもう一つの要因として、もしかしたら「外国との戦争が本国で行われにくかった」というものがあるかもしれません。日本もイギリスも、歴史を紐解くと、島国なので他の国から攻撃を受けることは少なかったです。もちろん戦争自体は行っていますが、他国から自国の領土に攻め入られることってあまりなかったですよね。

外国に負けて侵略されてしまったら、それまで続いていた文化や礼儀作法が一度リセットされ、古い文化が途絶えてしまいますよね。日本もイギリスも、島国なので対外戦争で文化が変わってしまうことが少ないから、自国での儀式や儀礼も中断されることなく続いていると考えられないでしょうか。

②立憲君主制である

もう一つ、「島国である」以外にも、「立憲君主制」も関係しているかもしれません。

日本とイギリスの他にも君主制の国はありますが、先ほどの「島国だから戦争が少ない」という理由もあってか、歴史が一番長いのは日本で、イギリスも世界で3番目に長いです（2位はデンマーク）。

君主がいて、その力が強大であり、その君主に対して礼節を持って接さなければならないからこそ、敬語が生まれました。古文の勉強をすると、敬語の中に「天皇や皇太子に対してのみ使う最高敬語」があるのに気付きます。このように、尊敬すべき存在がいて、その力が強大だと、言葉や文化としてのマナーが生まれやすいと言えます。また、君主がいると貴族階級が生まれ、その人たちに向けての敬語なども発達していきます。これらのことも、日本とイギリスでマナーが重視されるようになった理由だと言えるかもしれませんね。

③お茶を好む

最後に、日本もイギリスも、お茶を好むという共通点があります。これは一見礼儀とは離れたところにあるように見えますが、実は関係があるのかもしれません。日本でもイギリスでも、お茶はまず貴族階級で好まれました。イギリスではポルトガル王の娘キャサリンがイギリス王家に嫁いで来たときにもたらされたとされていて、そこからアフタヌーンティーの文化が生まれたと言います。日本でも、鎌倉時代に中国の僧からもたらされて、貴族階級の間で流行したと言われています。

お茶は、昔はかなり高価なもので、そのお茶を飲む際のいろんな礼儀作法や、いろんな茶器が開発されました。イギリスでも高価なティーカップがいくつも生まれ、日本では戦国武将たちが土地の代わりに茶器を求めたなんて話もあります。

このように、お茶の文化は、上流階級の人たちの文化を生みやすいと言えるかもしれません。もちろんこれは憶測ですが、礼儀作法が有名なイギリスと日本の両方ともお茶の文化があり、また今回はあまり触れていませんが礼儀作法が有名な中国でも飲茶の習慣があるということは、礼儀作法に何らかの影響を与えたと考えられるのではないでしょうか。

日本が礼儀作法に対して重きを置く理由を考えるときに、イギリスとの共通点で見ていくとわかりやすい、というのは面白いアプローチですよね。

もちろん他の考え方もあります。日本とイギリスだけではなく、日本と中国との共通点で考えるという方法もあるでしょう。その場合、儒教と呼ばれる上下関係をはっきりさせる中国の考え方が影響を及ぼしている部分もあると思いますし、他にも何か共通点を見つけられるかもしれません。

みなさんもぜひ、このように抽象的な問いでも「共通点を探していく」ことで紐解いていける方法を身につけてもらえればと思います。

解答例

日本は島国で文化が一貫しており、立憲君主制やお茶の文化など礼儀を感じさせるものが身近にあるから。

第5章 自然現象や数字の不思議

問題

Q17

なぜ山の天気は変わりやすいのか？

「山の天気は変わりやすい」という言葉を聞いたことはありませんか？

日本に住んでいれば、よく聞く言葉ではあると思います。そして確かに、登山をするときには山の天気の変わりやすさを感じますよね。晴れていると思っていたのに、次の瞬間すぐに雨が降ってきた、またすぐ晴れたり……という経験、ある人も多いのではないでしょうか？　平地では高い精度で当たる天気予報が山では外れることも少なくないですし、本当に山の天気はデリケートですよね。

ですが、その理由についてじっくり考えたことがある人は少ないのではないでしょうか。なんとなく「そういうものだ」というところで止まってしまう人もきっと多いはずです。しかし、古くからの言い伝えにはきっと昔の人の経験知の裏付けがあるはずです。由縁や迷信の理由を探るのは思考トレーニングの腕試しに最適なのです。

今回は一歩踏み込んで、山の天気が変わりやすい理由を深く考えてみましょう。

紐解くためのアイデア

①前提知識を明確にする

まず、前提となる知識を明確にしましょう。一般に天気が変わるというのは、多くの場合、晴れから雨に変わることを言いますよね。晴れからくもりになったり、雪から雨に変わったりすることを「天気が変わる」と言う機会は少ないと思います。では、雨が降るのはどういうところで、雨を発生させる雲が増えたりするのはどういう状態だったか、覚えていますか？

- 上昇気流があるところでは、空気の中の水蒸気が雲になりやすい
- その理由は、空の上の方が冷たくて、気体である水蒸気が液体である水滴に変化するから

ということでしたね。

雲が発生する場所は、上昇気流がある。これをしっかりと覚えておいてください。

②言葉の定義をしっかりとする

次に重要なのは、言葉の定義を明確にすることです。「山の天気」って、具体的にどこのことを指していて、「変わりやすい」ってどういう意味なのでしょうか？

まず「山の天気」はその言葉通り、山の上の方での天気のことでしょう。「当たり前じゃん」と思うかもしれませんが、「山の麓《ふもと》」なのか「山の上の方」なのかは大きな違いがあります。日本は丘陵も加えて考えれば、国土の約7割が山です。山の定義に麓まで入れてしまうと、「日本の約7割の場所では天気が変わりやすい」という話になってしまいますからね。そんなわけはないでしょう。

次に、「変わりやすい」ですが、これはどうでしょうか？

天気がコロコロ、晴れたり雨になったりする、と考えるのが普通ですが、よく考えると、これってちょっと違うかもしれないのです。

例えば「山の天気は変わりやすい」という言葉と同じ意味で使われるのが、「山の天気は崩れやすい」というものです。晴れていて、雨なんか降りそうにないな、と思っていても、雨が降る時がある。

つまりは、「変わりやすい」というのは、言い直せば「雨になりやすい」という意味なわけです。

これらを踏まえて考えると、こういう言い換えができます。

「山の天気は変わりやすい」
↓「山の上の方にいくと、時間経過とともに雲ができて天気が悪くなり、雨が降る場合が多い」

ここまで問いを嚙《か》み砕《くだ》いた上で、改めて考えてみましょう。つまりは山の上の方で雲が発生しやすい理由を考えていけば答えが出るはずです。

解説

ということで、「山の上の方で、上昇気流が発生しやすい理由」を考えれば、答えが出ます。

簡単に言うと、「水分を含んだ湿った風が山にぶつかると、その風が上昇し、その過程で含んでいる水分が雲を作る」からです。この問いの答えを考えることは、似たような問いである「なぜ日本海側は雪が多いのか」の理由を説明する上でも役に立ちます。新潟県とか石川県では雪が多く降りますよね。これは一体なぜか知っていますか？

冬の間、日本海側から日本列島の方に風が吹きます。その風は、水分を多く含んでいます。

その風は、越後山脈などの山を、駆け上がるように吹いていきます。そして上に行けば行くほど涼しくなるため、風に含まれた水蒸気が冷やされて、雲になってしまうのです。

そして日本海側だと、日本海の水分をたくさん含んだ風が山にぶつかるため、大きな雲を作り、それが雪を降らせる原因になっている、というわけなのです。

これと同じように、山の上というのは、風に乗って湿った空気が上に昇って雲、特に積乱雲を作ることが多いため、平地に比べて天気が変わりやすいのです。

また、もう一つ山で上昇気流が発達しやすい理由があります。それは、山の斜面は日当たりがよく、太陽の光が当たりやすいということです。太陽の光が当たると、斜面が温まり、そこの空気が上に上がります。ストーブでも同じですが、暖かい空気は軽くて上に上がって行きやすいので、それが上昇気流となり、雲ができやすいというわけですね。

ちなみに、韓国と日本って位置的にはとても近く、お互い海に囲まれた国ですが、韓国よりも日本の方が大幅に降水量が多いです。この理由は、日本が山がちな地形だからだと言われています。「山の天気が変わりやすい」というのは、こんな風に国全体に当てはまる話でもあるのです。

この問いでは、「山の天気は変わりやすい」という言葉を言い換えていけば答えが見えてきましたね。このように、問いをいろんな形で言い換えていくというのはとても有効な手段なので、ぜひ使ってみてください。

解答例

水分を含んだ湿った風が山にぶつかると、その風が上昇し、その過程で含んでいる水分が雲を作るから。

問題

Q18

なぜ12という数字は多くの場所で使われ、13は不吉な数なのか？

私たちが普段使っている数字にはいろんな迷信がありますね。

例えば4は同じ発音である死を意味するから避けた方がいい、という話がありま す。また同じ理屈で、9は苦を連想させるから避けた方がいいともいいます。日本では、温泉のロッカーの番号で4と9がなかったり、駐車場の番号で4と9が使われていないことなどもありますね。

また、13は不吉な数字だからあまり扱わない方がいい、という話もあります。これはキリスト教のエピソードで、キリストを裏切ったユダが最後の晩餐で座った席が13番目だったから、という理由を聞きますね。

一方、逆によく使われる数というのもあります。それが「12」です。

12という数字は不思議な数字で、別にキリがいいわけでもないのに、世の中の至るところにたくさん存在しています。

例えば午前と午後は12時間ですし、12星座があったり、1年は12ヵ月だったり、1ダースという数え方があったりと、考えるとキリがありません。世の中の様々なところで12という数字が使われているのです。

このように、多用される数字と避けられる数字がある理由は、いったい何なのでしょうか?

紐解くためのアイデア

① 12ヶ月がいつから始まったのか考える

まず、1年がなぜ12ヶ月なのかを調べてみましょう。調べてみると、古代エジプト文明を築いた人たちが、シリウスが雨季の初夏の日の出直前に東天に昇るとナイル川の氾濫が発生するということを見抜いて、そこから1ヶ月30日で、12ヶ月で1

年のエジプト暦を作ったのだそうです。

ということは、昔の人が定めたからそうなっているわけですね。

でも、なんで12ヶ月だったのでしょうか？　10ヶ月にした方がキリがいいですよね。なぜ10でも11でもなく、12だったのでしょうか？

このことを調べてみると、「月が地球を1年間にほぼ12回転するから」という話が出てきました。なるほど、それは確かに納得感がありますね。

しかし、天体が関係ない場面でも12という数字はよく使われます。1年が12ヶ月なのはなんとなく理由がわかりましたが、他の場面で12が多用されるのはなぜなのでしょうか？

②12という数の特徴を考える

次は、12という数字に注目してみましょう。

・2×2×3＝12、という因数分解ができる

まずはこれでしょうか。そして、このことからもわかる通り、他の数にない特徴として、

・12は約数が多い
・12は、20までの数字の中で一番約数が多い数

ということがわかります。
この数字の特徴を考えると、答えが見えてくるかもしれません。
さて、何か思い付きましたか？

解説

この問いには、本当に正しいと証明できる解答があるわけではありません。しかし、「こうではないか？」という仮説は明確に考えることができます。

先ほどもあったように、12という数字には約数が多くあります。2でも3でも4でも6でも割り切れます。

例えば、12個のお菓子があるとき、2人でも3人でも4人でも6人でも均等に配分することができます。

これが10個だった場合は、こうはできないでしょう。10個のお菓子を、3人や4人で割り切ることはできません。

これと同じことが、時間でも言えます。1年は4つの季節で分割されていますが、仮に10ヶ月だったら、4つの季節では均等に割り切れないですよね。1年が12ヶ月だから、4つの季節に分割できるわけです。

1時間が60分なのも、これと同じことが言えます。60という数字は、2でも3でも4でも5でも6でも割り切れる魔法のような数です。こんなに使い勝手のいい数だからこそ、我々は「じゃあ60分をこう使おう」と工夫できるわけです。これが50分とか70分であれば、「4等分してこうやって使おう」みたいなことはできないわけです。

だからこそ、12という数字は多用されるのだと考えられます。

もっと面白いことに、12の次の数というのは「13」です。

13は素数で、つまり約数が自身と1しかないので、分割することはできません。12個だったらうまく分け合えて平和だったのに、13個になると1個余って、それを巡って争いが発生するかもしれない。そう考えると、13が不吉な数とされている理由もわかるような気がしますね。

解答例

12は多くの数で割り切れるので多用され、13は割り切れないので不吉とされている。

Q19

なぜ夕焼けは晴れ、朝焼けは雨なのか？

みなさんは、「夕焼けがきれいだと明日は晴れになり、朝焼けがきれいだと午後は雨になりやすい」という話を聞いたことはありますか？

田舎のおばあさんや、小学校のベテランの先生などが、「いいかい、明日の天気はこうやってわかるんだよ」と言っていたのを覚えている、という人も多いのではないでしょうか。

しかしみなさんは、それが正しいかどうか、またもし正しいとして、なぜ正しいのか考えたことはありますか。多くの人は、「なんでだろう？」と思っても深く真偽を考えず、「そう言われているらしい」とそのまま受け止めてしまっていると思います。

結論から先にお話しすると、実はこの話は間違っていません。統計的にも、「夕焼けがきれいだと明日は晴れになり、朝焼けがきれいだと午後は雨になりやすい」というのは正しく、しっかりと科学的に説明できることです。

でも、なぜそうなのでしょうか？　なぜ、夕焼けは晴れ、朝焼けは雨なのでしょうか？　この古くからの言い伝えの正しさを、一緒に考えてみましょう！

紐解くためのアイデア

①夕焼けと朝焼けの定義を考えてみる

まずは、当たり前のところから考えてみます。「夕焼け」「朝焼け」とは何か、詳しく考えてみましょう。

そもそも夕焼けとは、朝焼けとは何でしょうか？

辞書で調べると、こんなことが書いてあります。

- 夕焼けとは、夕日が沈んでいる時に、雲などによって遮られていないためにきれいに日が見えること。
- 朝焼けとは、朝日が昇る時に、雲などによって遮られていないためにきれいに日が見えること。

「きれい」という言い方をしていますが、要するに、「雲があるかないか」が問題の根本にあるようです。このように、ちょっと言葉を言い換えてみるだけで、答えに近づくことがあります。

「夕焼けがきれい・朝焼けがきれい＝雲がない状態」。これを理解して次に移りましょう。

②晴れと雨について考える

次は、晴れと雨についても考えてみましょう。晴れたり雨になったりする理由を考えるためには、そもそも晴れと雨にはどういう違いがあるのかを考えていけばいいのです。

まず、晴れというのは、空に雲が少ない状態のことですね。太陽が雲によって遮られていないから、晴れているわけです。

逆に言えば、雨が降るというのは、空に雲が多いときの現象だと考えることができますね。ここでも、「雲」というのがキーワードとして見えてきました。ということで、夕焼けと朝焼け、晴れと雨を紐解いていくと、雲に関係があることがわかってきました。

③雲について考える

では、雲はどうやってできるのでしょうか？

これはとても簡単な話で、地表の空気中の水蒸気が上昇して雲になります。基本的に空気は上に行くほど冷えていきますよね。だから、その冷たさによって水蒸気が雲となり、まとまった結果、それが雨として降り注ぐようになるわけですね。

ではさらに掘り下げて、どうして水蒸気が上空に上がるのでしょうか。それには気圧が関係しています。

世の中には低気圧と高気圧と呼ばれるものがあります。空気の圧、ですね。「低気圧で頭が痛い」なんて言いますが、天気の良し悪しは気圧によって変わります。空気が密度高く集まっていれば高気圧、逆に空気の密度が低ければ低気圧です。このうち、比重が軽い低気圧のところは上昇気流が発生して、重い高気圧のところは下降気流が発生します。つまりは、低気圧のところに雲が発生しやすく、高気圧のところは晴れやすいということですね。

そして低気圧と高気圧の間では、高気圧から低気圧に向かって地表では風が吹くわけです。

少し難しい話でしたが、大雑把《おおざっぱ》に言えば、

- 地表の空気が上昇すると雲ができる
- 低気圧のところで上昇気流が発生する
- 高気圧のところでは下降気流が発生して、高気圧から低気圧に向かって地表では風が吹くこの辺りが今回のポイントになりそうです。

さて、何か思い付きましたか？

解説

まずは、とてもシンプルな解答を一つ、お話しします。

そもそも太陽というのは、東から昇って西に沈みます。だから夕焼けがきれいというのは、言い換えると「西の空が晴れている」という状態になります。

そして、反対に朝焼けがきれいなのは、「東の空が晴れている」という状態です。

日本付近では風は基本的に西から東に吹きます。

飛行機に乗ったことがある人なら、東京から九州に行くときは遅いのに、九州から東京に行くときは早いというのを知っているかもしれません。これは日本付近を一年中偏西風という風が西から東に吹いているからということになります。

ということは、西の空がきれいな、晴れた夕焼けの空は、西から吹く風によって、明日の朝になったら自分たちの頭の上に来るということですよね。

だから明日は雲のないその空が自分の頭の上にくるわけです。

逆に東の空がきれいな、晴れた朝焼けの空は、風が吹いてどこかに行ってしまいます。だから、明日は天気が崩れる可能性が高い、ということになるわけですね。

また、高気圧と低気圧の観点からも説明ができます。

先ほどの話で言うと、朝焼けがきれいということは、その朝焼けがある西の空が高気圧だということになります。

高気圧と低気圧は交互に来ることが多いので、西が高気圧になっているのであれば、大雑把に言って、東は低気圧になっています。だからその日の天気になる東の空が雨なので、明日も雨が降る可能性が高いということになります。だから朝焼けがきれいだと明日は雨になる場合が多い、と考えられます。

もちろん、これが全てというわけではありませんし、迷信なので100%正しいということも全くありませんが、しかしある程度はこの法則で説明がつくのです。

ぜひ、同じように自然現象にまつわる俗説や迷信の類に対しても、「なぜ？」と考えてみてください。

解答例

西側の夕焼けがこれからの天気を表しているのに対し、東側の朝焼けは去ってしまう天気を表しているから。

なお、この章では類題として「なぜ生物の受精においては精子ばかりが動き、卵子はほとんど動かないのか」という問いを用意しました。この問い、実は『ドラゴン桜』で出てきた問題です。ぜひ挑戦してみてください！

では……
ひとつここで
問題を出します
みんなで考えて
みましょう
「人ばかりでなく動物の精子と卵が結びつくときは、
大きな卵のところまで小さな精子が泳いでいきます。
卵のほうがほとんど動かない事の良い点を説明しなさい
これは1998年
麻布中学の入学試験で
出された問題でヒ

へえ……じゃ
これは小学6年生が
答える問題ってこと
？
そうでヒ
パッと見て
どうってことねえ
問題に見えるけど
……
では矢島《やじま》君……
答えてみて下さい

だって……
精子って泳いで動き回ってんだろ
卵も動いたらさ なかなかうまく結びつかない じゃん
だから……卵は じっとしてるほうが くっつきやすいって こと 簡単だよ……
オオ…… 納得
イエ〜イ
うむ……
え…… ちがうの？

おしいけれど
その答えだと
精子がじっとしていて
卵が動いても
いいことになりますよ
え……
でも
よろしい……
時間がないので
先へ進みましょう
いいですか…
ここに……
クシャ
クシャ
卵がひとつ
あるとします

水野《みずの》さん……卵を食べますね？
うん
美味《おい》しいという理由以外に卵を食べるといいことがありますよね？
ええと……
あ……栄養があって体にいい
そうですね
卵は生きるために必要な栄養素を備えていてほぼ完璧な食品といわれているのでヒ
もし栄養たっぷりの卵が……
こんなふうに動き回ったとしたらどうですか？

どうって……
意味わかんねぇ
んんん……
動くって……
た……大変だあ……
くあああ……

あっ……
わかった!
疲れる!
そうっ!
それで疲れたら
どうなる?
早く答えて
止めてええ!
体力使って
栄養分が
なくなってしまう
だから
卵は動かずに
じっとしてる!

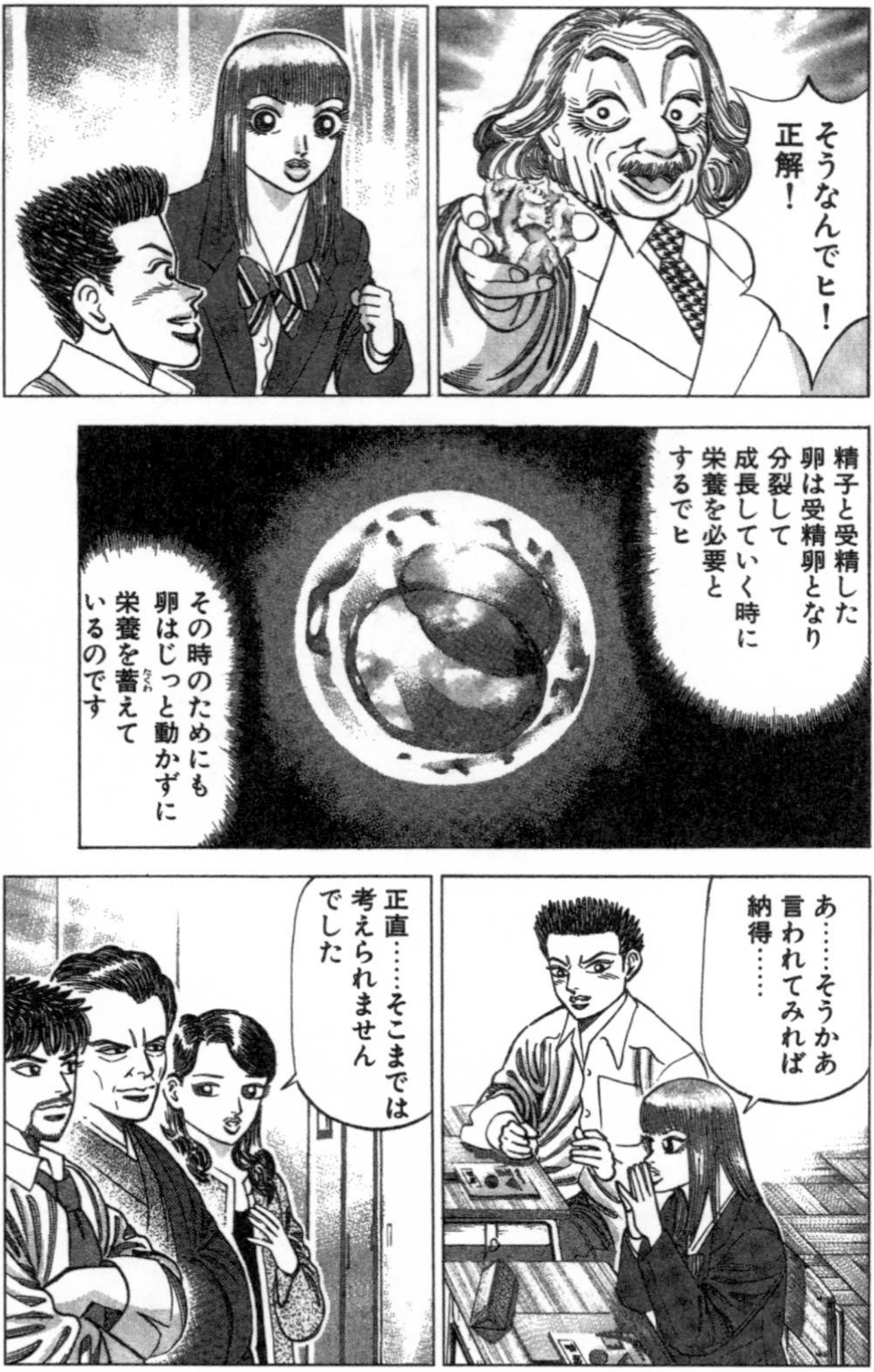
そうなんでヒ！
正解！
精子と受精した卵は受精卵となり分裂して成長していく時に栄養を必要とするでヒ
その時のためにも卵はじっと動かずに栄養を蓄《たくわ》えているのです
あ……そうかあ言われてみれば納得……
正直……そこまでは考えられませんでした

第6章 統計の不思議

ならば一つ質問しよう
小さい頃？
理由はこうだ…幼児期から塾に通って勉強をやり始めると…
その子にとっては塾の教室ですることが〝勉強〟になる

問題

Q20

なぜ鉛は生産された量の2・2倍も消費されているのか？

みなさんは、鉛という金属を見たことがありますか？

鉛は我々の生活に欠かせない金属です。鉛は蓄電池としても使用され、スマホやPCの電池など、我々が使っている電化製品のほとんどに使われています。それくらい重要な金属なのです。

さて、そんな鉛に関する問いが、なんと東大の入試問題で出題されています。その内容は、「鉛は生産量の2倍以上が消費されている。それはなぜか？」という問題です。

生産量というのは、平たく言ってしまえば鉱石から金属として加工された量のことです。つまり、作られた量の2倍以上の鉛が、使われている、というのです。状況がよくわからないですよね。生産された量の2倍以上が消費されるなんて、おかしな話です。この問題は、多くの受験生の頭を悩ませた問題でした。

この章では、これまでよりハイレベルな、統計を使った問いにチャレンジしていきたいと思います。一体どうしてこんな状況が生まれているのでしょうか？　東大の入試でも出題されたこのクイズを、一緒に解いてみましょう！

紐解くためのアイデア

①まず、「鉛」はどんな鉱石なのか調べてみる

まず、鉛がどんな特徴を持っていて、何に使われている鉱石なのかを考えてみましょう。調べてみると、こんな特徴がわかります。

- 重くて柔らかく、溶けやすい
- 加工が簡単で、耐食性に優れている
- 多くの電化製品に使われている

②「生産」「消費」という言葉を考える

鉛についてはわかりましたが、この問いを考えるなら、「生産」と「消費」という言葉をしっかりと捉える必要があります。

そもそも鉛が「生産」「消費」されるとはどういうことでしょうか?

まず「生産」です。先ほども少しお話ししましたが、鉛を「生産する」というのは、自然界に鉱石として存在している鉛の元になる鉱石を、溶かしたり固めたりして、他でも使える状態にすることを指して「生産」と言っています。

それに対して、そうやって作られた鉛を、PCやスマホなど、なんらかの電化製品などに「使う」ことを指して「消費」と言います。

つまりは、自然界から鉱石として生産されたものよりも、電化製品などに使われている量の方が多い、ということです。

難しいですが、ヒントが少しだけ見えてきました。要するに、「鉱石として生産されていない鉛」を我々は使っているということなのです。

さて、答えが見えてきましたか？

解説

実は我々は、一度生産されたものを何度も使うことがザラにあります。みなさんも絶対にやったことがあるのですが、何だかわかりますか？

そう、「リサイクル」です。一度使った紙や資料の裏紙を使って消費したら、1回生産されたものを2回以上消費したことになります。

鉛は、先ほども見たように、いろんな電化製品に使われています。

スマホやPCなどでも多く使うわけですが、例えばそれらのものを新しいものと買い換える時に、下取りしてもらって回収されることってありますよね。あれは、回収された後に、また新しいスマホやPCを作るのに使われています。

リサイクルされれば、1回の生産で2回以上消費するということがあり得るのです。

実はその点で考えると、日本という国は資源に恵まれず鉛の生産も輸入に頼りっきりの国なわけですが、リサイクルも視野に入れた国内の鉛の量だけで考えると結構な量になるのだそうです。こういう「鉱山もないのにその資源をたくさん持っている状態」のことを「都市鉱山」と呼びます。なかなか面白い言葉ですよね。

解答例

一度使用した鉛を回収、リサイクルして再利用しているから。

問題

Q21

なぜ風力発電は青森と北海道で盛んなのか？

みなさんは、風力発電の風車を見たことがありますか？　近くで見るとかなりの大きさで圧倒されます。ＳＤＧｓの観点が重要になっている現在、風力発電などの自然エネルギーを利用した発電はとても注目されており、今後も広まっていくことと考えられます。

さて、そんな中で一つ、東大の入試で面白い問題が出題されました。

それは、「なぜ、風力発電は青森県と北海道で盛んなのか」というものです。

風力発電は実はどこでも漫遍なく行われているわけではなく、ある特徴を持った地域で盛んに行われているのです。その特徴とは一体なんでしょうか。

今回は、東大が出したこの面白い問題を一緒に解いていきましょう。

単位：万 kW

	A（2010 年）		B（2010 年）
大分県	15.1	青森県	29.3
岩手県	10.4	北海道	25.7
秋田県	8.8	鹿児島県	19.8
福島県	6.5	福島県	14.4
鹿児島県	5.0	静岡県	13.0

東大入試問題より。B が風力発電を示す

紐解くためのアイデア

①風力発電に適した条件を考える

まずは、風力発電について考えてみましょう。みなさんは、風力発電に適している条件って、どんなものだと思いますか？

基本的には、「風がたくさん吹くところ」というイメージですよね。では、風ってどういうところで強く吹くのでしょうか？

- 遮るものがないところでは風が吹きやすい
- 山を挟んで風下の地域では、風が吹き下ろすので強い風が吹きやすい
- ビルの周辺ではビル風という風が生じる
- 海の近くでは海風という風が生じる

こんなところでしょうか。

②青森県と北海道の共通点を考える

次に、青森県と北海道に共通する要素を考えてみましょう。

- 北に位置していて、寒い地域である
- 海に面している面積が大きい

くらいでしょうか。あんまり思い付きませんね。ただ、データを見て3位以下の都道府県を確認すると、鹿児島県とか福島県とか、基本的には海に接する面積が大きいところなので、なんとなく海というのは共通する要素なのかな、と考えられます。

でも、これだけではなかなか思い付きませんね。青森県と北海道に共通してあるものって、あんまり出てきません。こういう時は、発想を逆転するのもいいと思います。青森県と北海道に共通して存在するものを探すのではなく、青森県と北海道に共通して「存在しないもの」を考えてみたら、何か見えてくるかもしれませんね……？

解説

まず考えられるのは、この2つの都道府県の海岸線の長さです。実際に近づいて見るとわかりますが、風力発電の風車は海岸近くに多く設置されています。確かに海岸の近くは遮るものが何もない海からの風が吹いて風力発電がやりやすいです。

でも、それだけでは答えとしては不十分です。もう一つ、北海道と青森県に共通する要素があるのです。北海道と青森県は日本で最北端の2県です。北にあるということは、実は、台風があまり来ないんです。台風は太平洋側から夏に北上して来ることが多いので、北端の北海道と青森県は台風の影響が少ないのです。「台風だと風がたくさん吹くから、風力発電たくさんできていいんじゃないの?」と思うかもしれませんが、風が強すぎると、風力発電のプロペラが壊れてしまいます。適度な風が必要な中で、台風が来やすい地域は避けられる傾向にあるのです。だから、この2つの都道府県だったわけですね。

こんな風に、その場所にあるものとないものから特徴を考えていくと見えるものもあります。みなさんもぜひ、他の要素も含めてもっと考えてみてください!

解答例

北海道も青森も海岸線が長く適度な風があり、台風があまり来ないから。

問題

Q.22

なぜ新宿駅は世界一多くの人が使っているのか？

みなさんは新宿駅を利用したことがありますか？　とても多くの人が使っている駅なので非常に広く複雑な構造で、初めて利用する人は必ずと言っていいほど迷ってしまいます。

なんと新宿駅は、世界で一番利用者が多い駅としてギネスブックに載っているほどなのです。その人数、なんと1日約３５０万人。人口ランキング47都道府県中10位の静岡県の人口が３７０万人なので、毎日静岡県民と同じくらいの人が使っている駅、と考えるとその凄まじさがわかるでしょう。そりゃ大きくもなりますし、迷いもしますよね。

さて、しかしなぜ、新宿駅はこんなに利用者が多いのでしょうか？「日本の首都だから」と考えることもできますが、それなら東京駅よりも利用者が多い理由が見えてきませんよね。

なぜ、新宿駅は世界一多くの人が使っているのか？

この問いはとてもいろんな考え方ができる面白い問題なので、ぜひ一緒に考えてみましょう。

紐解くためのアイデア

①そもそも日本の人口を考えてみる

さて、まずは日本という国の人口について考えてみましょう。日本は1・2億人の人口を持つ国であり、2021年現在世界で11番目に人口が多い国です。11番目の国なのに、世界一利用者が多い駅がある、というのはちょっと変な感じがしますね。

もう少し調べてみると、その違和感も解消されるはずです。日本の人口は、他の国と比べて大都市に集中する傾向があります。特に東京には政治や経済、文化などの都市機能が集中しているため、人口が東京に一極集中しているのです。こういう都市のことを地理学では「プライメートシティ」と呼んでいて、人口規模で2位以下の都市を大きく引き離している都市を指します。

要するに、それくらい日本の東京への一極集中は凄まじいのです。確かに東京にいると、「地方から就職や進学のタイミングで東京に来ました！」という人って多いですよね。

②新宿について考えてみる

さて、いろんな国や地域がある中で、東京に人口が集まっている理由は見えてきました。でも、どうしていろんな駅が東京にある中で、新宿駅にこんなに人が集まっているのでしょうか？

新宿、そして新宿駅について調べてみましょう。

- 江戸時代の前半・17世紀の半ばに新しい宿が作られたことから、「新宿」と呼ばれるようになった
- 明治時代に駅ができたが、最初のうちは町外れで、雑木林や畑だらけの地域だったので、ほとんど乗客がいなかった

・大正時代になってから、今の京王線などができてどんどん発展していった
・今では、ＪＲ各線、京王線、小田急線、丸ノ内線、都営新宿線、都営大江戸線など様々な鉄道の結節点になっており、「新宿三丁目」など、新宿と付いている駅が10個もあるほど

といったところでしょうか。うーん、何かが見えてきそうで見えてきませんね。

③東京の地図を見てみる

さて、もう少し俯瞰《ふかん》して考えてみるために、東京の地図を見てみましょう。

東京23区と呼ばれるエリアがあり、そこから西に武蔵野や府中などの地域が広がっていますね。先ほど登場した京王線は、東「京」と八「王」子を結ぶ路線で、新宿区と八王子市を結んでいるとても乗降客数が多い路線です。

こうやって見てみると、多くの人が、東京の西部に広がる郊外から都心のオフィ

スに通勤していると考えられますね。これがもしかしたらヒントかもしれません……。

さて、何か思い付きましたか？

解説

新宿駅が大きくなり始めたのは、大正時代でした。さて、大正時代にはどんな大きな出来事があったか、覚えていますか？

そうです、関東大震災です。日本の歴史上最も被害が大きかったとされる自然災害で、一時期は大阪府の方が東京市（現在の東京23区）の人口を上回ったと言われています。

そんな中で、比較的被害が少なかった地域があります。それは「武蔵野」と呼ばれる、東京23区より西部に位置する硬い地盤に覆われた、吉祥寺や国分寺などの地域です。この当時、まだ「武蔵野」の地域は村でしかなく、武蔵野村には5000

人程度しかいなかったのだそうですが、関東大震災を機に人が集まり、昭和のはじめには人口11000人以上の都市にまで大きくなっていったと言われています。

東京は、東京23区の地域に人口が多く集まっていたのですが、この時期からだんだん、西にある武蔵野、さらにその西方の府中・多摩の方面に人口が集まるようになっていったのです。

そして、それらの地域と23区を結ぶ結節点となったのが、何を隠そう新宿駅なわけです。位置としても、オフィスや政治・経済の中心地とそれ以外の地域を結ぶような場所に新宿ってありますよね。今でも京王線を使えば府中や調布・多摩の地域から新宿までは一本で出られますし、中央線を使えば武蔵野・国分寺・国立などの地域から新宿

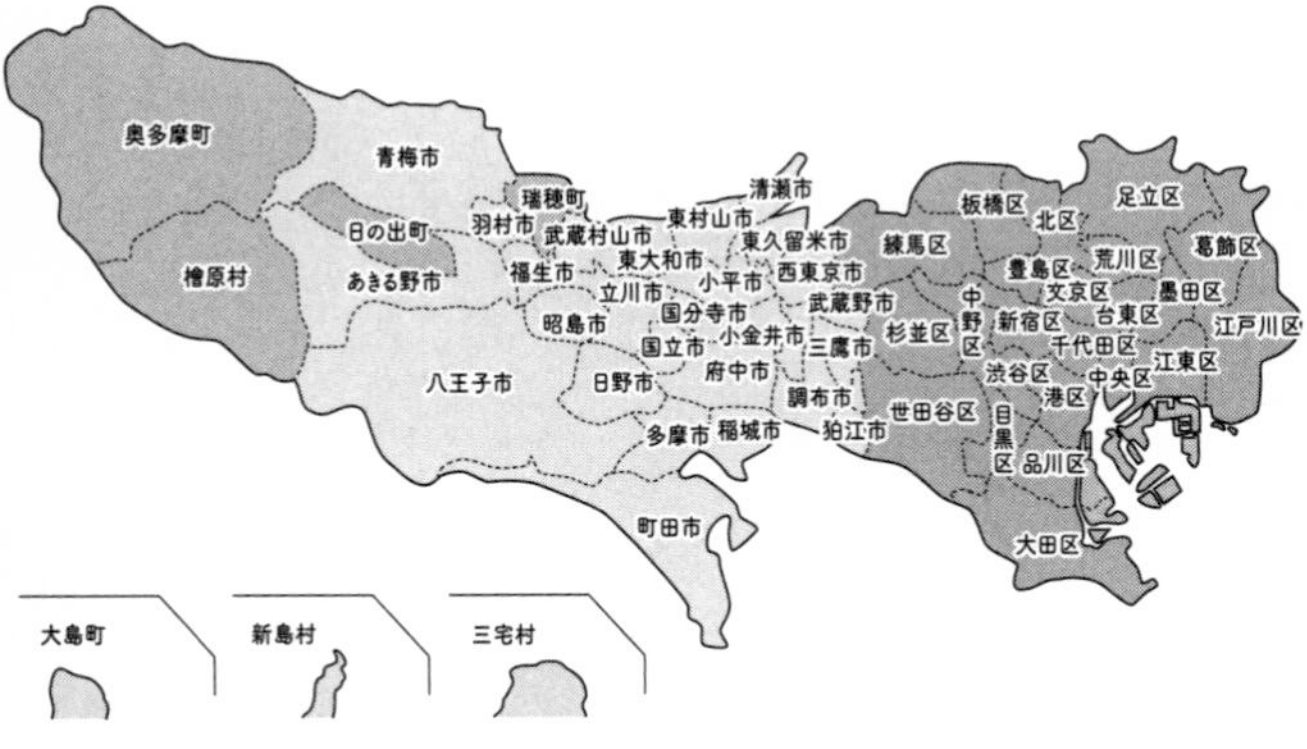

まで一本で移動できますよね。

極め付けは世田谷区です。何を隠そう東京都の中で一番人口が多いのは世田谷区です。新宿駅は世田谷区のいろんな駅とも、小田急線などでつながっています。

東京の中でも、人口の多い地域と、政治や経済の中心になっている地域を結ぶのが、新宿駅なのです。だから、新宿駅は乗降客数が多いのです。

もう少し補足すると、どの国の大都市でも都心にはオフィスやビルが立ち並び、住宅はちょっと少なく、逆に郊外に住宅地が広がっている場合が多いです。都心部は地価が高くてスーパーなども少なく、住むには少し不自由する場合もあるのです。もちろんただの「傾向」なのでこれに当てはまらない場合もあるのですが、事実として、日本の主要機関である官公庁が集まる千代田区は他の地域と比べて自宅を持って住んでいる人が少ないです。住宅地と政治や経済の中心は分かれる傾向にあると言えるでしょう。

また、オフィス街になっている東京駅よりも新宿駅の方が利用者が多いのにも理由があります。東京のオフィスは今では東京駅周辺の千代田区や中央区だけでなく、新橋駅や品川駅の周辺の港区や品川区、渋谷駅周辺の渋谷区、もちろん新宿駅周辺の新宿区など、いろんな場所に点在しています。新宿駅に一度来た人たちの中でも、人によっては別路線に乗り換えて中央線で東京駅に行き、人によっては山手線で南側の渋谷、品川方面に向かうわけです。このように、利用者が分散するオフィスのどこに行くにも便利な新宿駅には、どの駅も利用者数で新宿駅に勝てないわけですね。

もちろんこれは解答の一つに過ぎません。東京の中でも「では、この地域に人が多いのはなぜ?」「この地域に人口が少ないのはなぜ?」と考えていくと、もっと違う答えも見えてくるかもしれませんので、ぜひ自分の頭で考えてみてください。

解答例

新宿駅は、世界屈指の人口集中都市である東京の住宅街と都心を結ぶ駅だから。

問題

Q23

なぜ香港人には日本旅行のリピーターが多いのか？

近年、海外から日本への観光客「インバウンド」という言葉をよく聞きます。中国の観光客と街中で出会ったことがある方もいると思います。みなさんは、日本が実は香港人からの人気がとても高い、最高の観光地になっていると知ってましたか？

香港の人口は約730万人ですが、なんと2019年に日本を訪れた人は約230万人。凄まじい数字ですよね。

もちろん、香港人の3分の1が日本にきているというわけではありません。香港人は、リピーターがとても多いのです。1人が何回も来ているから、観光客の数が多いのです。

日本に来る香港人観光客の約82%はリピーター、2回以上日本を訪れたことがある人だそうです。その中でも、約3割の人は、10回以上日本に来たことがある人です。

一体なぜ、香港の人はこんなに日本を訪れるのでしょうか？　そんなに何度も来て、日本に飽きてしまわないのでしょうか？　香港の人が日本に何度も何度も訪れる、人気の理由を考えてみましょう！

紐解くためのアイデア

①情報を集めてみる

まずは情報をもう少し集めてみましょう。日本の中で、どんな地域が香港人の注目を集めているのでしょうか？

観光庁が発表している訪日外国人消費動向調査（2019年版）では、こんなデータが出ています。

1位：大阪府（32.5％）
2位：東京都（28.4％）
3位：千葉県（26.5％）
4位：京都府（20.1％）

5位：福岡県（12・1％）

でした。意外にも、東京より大阪の方が人気のようですね。確かに、大阪と香港って近いですからね。飛行機で4時間程度で行き来できるというのだから驚きです。香港人の多くは、関西国際空港に来て、そこから奈良・京都を巡って移動している場合が多いようです。

②香港について考えてみる

次に、香港のことを調べてみましょう。香港は今は中国の一部ですが、1997年までは99年間ずっとイギリス領でした。

そのため、中国本土で禁止されていたような日本文化が解禁されていたのです。例えば日本の国民的キャラクターの『ドラえもん』や『ハローキティ』、『ドラゴンボール』『ポケモン』などの漫画やアニメ作品も広く好まれていたのだとか。

そう考えると、日本の文化に慣れ親しんでいる人が多いと考えられますね。香港の人が日本に興味を持ちやすかった、というのはあると思います。

また、香港はアジアの中でもかなり経済的に裕福で儲かっている地域です。裕福だから、海外旅行に行く人も多い、という見方もできるでしょう。

③日本について考えてみる

ということでいくつかの手がかりは見えてはきましたが、まだなんとなく、答えには遠い気がしますね。

香港人から日本が人気な理由はなんとなく見えてきましたが、なぜリピーターが多いのか、あまり考えられていない気がします。

こういう時は、発想を逆転させて、「日本はどういう観光地だと言えるのか」を考えてみましょう。

- 諸外国と比べて安全な国で、観光しやすい
- 歴史を感じさせるような建物もあれば、自然が豊かな地域もある
- 四季折々の変化があって、季節によって趣を変えるところも多い

という感じでしょうか。こう考えてみると、日本ってかなり魅力的な観光地なんですね。何かここから見えてきそうな気もしますが……。

さて、何か思い付きましたか？

解説

これについて、いろんな解答が導き出せると思います。先ほども挙がっていたように、日本の文化が人気だからというのも一つですし、香港人が裕福だからということもあります。

しかしそれ以外にも、こんな面も考えられるのではないか、という考え方を3つご紹介します。

①観光地としての面

まず考えられるのは、日本は「リピートしたくなる国」だということです。例えば観光客がハワイに行って、ハワイを満喫したとします。でも、二度目に行こうと思った時に、「この前と違う体験ができるか」というと、なかなかそうはならない場合が多いと思います。

日本の場合は違います。日本の観光地は、四季折々、全然違う姿を見せるからです。例えば夏に北海道に行って緑豊かな自然を満喫したとして、「冬になったら、ここら辺の地域は一面パウダースノーに覆われて全然違う姿になるんだよ」と言われたら、「じゃあ次は冬に行こう」という気になりますよね。

さらに、先ほどの訪日外国人消費動向調査のデータでもわかりますが、観光客は意外といろんな地域に分散しています。「この前は大阪に行ったから、今度は東京に行こう」という感じで、いろんな場所を楽しむこともできるわけですね。

②移動の面

「観光」と考えると観光スポットについて目線が及んでしまいがちですが、実はそれ以外にも、観光を加速させるものがあります。

それは、移動の観点です。どんなにいい観光地でも、片道の移動に12時間かかるところや、費用が30万円かかるというところにはなかなかいけませんよね。

しかし、香港と日本は短い時間で、かつ安い値段で移動ができるのです。飛行機で4時間程度で行き来できますし、香港と日本の間にはLCC（格安航空会社）による航空路線も充実していて、最も安い場合には往復3万円程度で旅行できてしまいます。往復3万円なら、東京から大阪に新幹線で旅行に行くのと同じくらいの金額です。確かにそれなら、旅行先として日本を選ぶのも納得できますよね。

③気候の面

先ほどの「①観光地としての面」でも日本の四季については述べましたが、それ以外にも「気候」という面で香港人にとっての日本の魅力を考えることができます。まず香港は、かなり暑い地域ですね。一番寒い月である1月でも平均気温が16度とかなり暖かいです（東京の1月の平均気温は5度）。冬には雪も降りませんから、冬に日本に来て初めて雪を見ることができる、なんてこともあります。例えば北海道も香港人に人気なわけですが、冬には雪景色を見ることができるわけですね。

もう一つ、香港は暖かい気候によってとても豊かな食文化に恵まれています。香港は、東南アジア文化と中国文化の結節点にあり、おいしいものが入ってきやすい土地です。昔は「食は広州にあり」なんて言われている時代もあったほどです。香港人は、食にこだわりがある人が多いのです。だからこそ、香港人は日本の豊かな食文化を気に入って、何度も日本を訪問しているわけです。

日本という地域にいるだけでは日本の魅力をなかなか理解できませんが、外国の人がどういうところに旅行に来ているのか、または何が人気なのか、なんてことを考えると、日本の魅力がより細かく見えてくることでしょう。ぜひこのような問いをもっと深く考えて、日本のことをより理解できるようになってもらえればと思います。

解答例

日本は香港から近く、観光地としての魅力が高くリピーターを生みやすいから。

問題

Q24

なぜ人間の身長は時代によって伸びたり縮んだりするのか？

みなさんの身長はどれくらいでしょうか？

現在、男性の平均身長は170cm程度、女性であれば160cm程度と言われています。確かに、だいたいそれくらいの身長の人が多いですよね。

しかし、実は身長は時代ごとに変化していると知っていますか？　おじいちゃんやおばあちゃん、更に上の世代の人と比べると、自分の方が背が高いという人は多いのではないでしょうか。しかし、歴史的に見ていくとさらに驚くべきことがわかります。なんと江戸時代の平均身長は男性でも155cm程度、女性でも148cm程度だったというのです。それが明治時代に入って、男性は165cm程度まで大きくなったと言われています（現在は男性が171cm程度、女性が158cm程度）。3cmや5cmなら誤差と言えなくもないですが、10cmは異常ですよね。

なぜ、江戸時代から明治時代にかけて、日本人の身長は10cmも伸びたのでしょうか？　なぜ江戸時代の平均身長は低かったのか、そして明治時代の平均身長は高くなったのか？

この問いに関して、考えてみましょう！

紐解くためのアイデア

①江戸時代のことを考える

まず、江戸時代ってどんな時代だったのでしょうか？

- 今の東京にあたる江戸に幕府が置かれて、関東近辺が発展した時代
- 300年程度大きな戦がなかった平和な時代
- 鎖国されていて、海外からのものがあまり入ってこない時代

といった具合でしょうか。

②明治時代のことを考える

次に、明治時代のことを考えてみましょう。明治時代は、どんな特徴があったのでしょうか？

- 明治維新があり、武士中心の時代から大きく転換した時代
- 鎖国が解けて外国人がやってきて、西洋風の製品・食料品などが輸入された時代

などでしょうか。うーん、ちょっとこれだけだと見えてきませんね。

③身長はどうすれば伸びるのか考える

解説

視点を変えて、「身長が伸びるのはどういう時なのか？」と考えてみましょう。身長を伸ばすためには、とにかく健康な身体を作るのがいい、と言われています。例えば睡眠をしっかり取るとか、食事をバランスのいいものにするとか、そういうことが必要だと言われています。

逆に言えば、男性平均身長が155㎝だった江戸時代って、何か健康な身体を作ることが害されていた状態だったのではないかと考えることができます。睡眠か食べ物か、何かが今とは健康な状態とは程遠くて、それが明治時代に改善された。だから平均身長が高くなったと考えられます。でも、一体何が要因なのでしょうか……？

さて、何か思い付きましたか？

この問いを、簡単に「明治時代に外国からいろんな食料品が輸入されるようになって豊かになったから身長が伸びたんじゃないの？」と考えるのは早計です。その程度の話で、10㎝も人の身長は伸びません。

この問いには、身長を伸ばす大きなファクターになっている、「食べ物」が関係しています。江戸時代の食事は、今の私たちの食事とは決定的に違う部分がありました。それは、肉です。

実は江戸時代って、肉を食べるのが禁止されていたのです。

元々、日本人は農耕民族です。だから肉をあまり食べる習慣がなかったと言えます。そしてこの時代、動物の死んだ後の肉とか動物の血というのは汚れたもので、肉を食べたら獄に入れられてしまう、という価値観がありました。江戸時代までの日本は、食事に大きな制限がかかっている状態だったのです。

例えばその中でも、徳川綱吉の時代には、生類憐《あわれ》みの令なんてものが発令されて、犬や猫・動物をきちんと敬わなければならないよ！　という時期もありました。「動物の肉を食べるなんてダメ！」という時代であり、そもそも価値観として肉を食べる文化がなかったのです。

それが、外国の価値観が入ってきたことで、状況が変わります。肉をどんどん食べる欧米人が日本にどんどん来るようになって、「あの人たち肉を食べている！」「これ、自分たちも食べて大丈夫なのではないか？」とマインドが変わったのです。その上で、庶民が江戸時代よりも少し豊かな生活が送れるようになったこともあり、肉食の禁止は解除され、砂糖も輸入され、肉や砂糖を使った西洋の料理も流入し、カレーとかハンバーグとか、そういう西洋風の料理を出すレストランが作られるようになったのです。今我々がよく口にしているカレーライスやオムライス、ハンバーグやケーキなども、明治時代になって食の制限がなくなって作られたものなのです。近代化の結果、食生活のバランスが改善して日本人の身長はずっと伸びたというのがこの問いの答えです。

この問い、なかなか興味深いですね。実はこれは、東大の入試問題の日本史の問題を改題して作った問いです。

この他にも「食以外の観点からも言えることはないか？」と考えてみても面白いと思うので、ぜひ他の可能性も考えてみてください。

解答例

明治時代、日本の食生活が近代化して栄養バランスが改善したから。

問題

Q25

なぜ日本はかぼちゃをニュージーランドとメキシコから輸入しているのか?

みなさんは、かぼちゃは好きですか？

かぼちゃって、いろんなタイミングで食べますよね。冬や春には鍋に入れますし、夏は冷やし中華に使うこともあるでしょう。秋にはハロウィンにパンプキンパイを食べる人も多いでしょうし、年がら年中、日本ではかぼちゃが食べられています。

そのかぼちゃの産地はどこか、知っていますか？

国産かぼちゃの大半は北海道で作られており、それは北海道がちょうど生育条件にマッチしているからだと言われています。しかし輸入品も半分近く存在していて、そのほとんどがニュージーランド（55％）とメキシコ（40％）のものです。

驚くべきことに、この2か国は、かぼちゃの生産が他の国に比べて盛んというわけではありません。かぼちゃの生産量は、世界1位が中国、2位がウクライナ、3位がロシアです。それなのに、日本はもっぱら、ニュージーランドとメキシコから輸入しています。一体なぜでしょうか？

この問いは、実は東大の入試問題にもなっています。最後の問い、ぜひ気合いを入れて挑戦してください！

紐解くためのアイデア

①かぼちゃについて考える

まずはかぼちゃの生育条件について調べてみましょう。かぼちゃって、どういう植物なのでしょうか？

- ウリ科の植物で、蔓《つる》性植物に分類される
- 原産地はメキシコ付近
- 戦国時代に日本に伝えられた
- 原産地は南北アメリカ大陸
- 収穫は7~8月が多く、旬の時期はそれから少しズレて秋ごろ
- 世界的な産地としては、中国やインド・ウクライナやアメリカ合衆国、エジプト

で、日本は世界で16番目

ということが、調べるとわかります。

②日本の事情を考える

さて、本来であればニュージーランドとメキシコの共通点や特徴を考えるところですが、ニュージーランドは南半球の国で、メキシコは北半球の低緯度に位置する国です。あまりこの2つの国の共通点はありません。また、先ほどもあった通り、かぼちゃの産地はいろんなところにあります。ニュージーランドとメキシコでたくさん作っているというわけではないみたいです。

うーん、早くも答えに行き着く手段がなくなってしまいましたね。

こんな時は、視点を変えてみましょう。

日本では、かぼちゃをどんな時に食べるでしょうか？　どんな風にかぼちゃを食しているでしょうか？

先ほどもお話ししましたが、日本では、かぼちゃって季節を選ばずに食べるイメージがあります。秋はハロウィン、冬は冬至やお鍋の具材、夏は冷製のポタージュにして食べることもあり、煮物なんて季節に限らずどのシーズンでも食べることがあります。

そうなんです、日本では、かぼちゃは季節を選ばずに需要があるのです。

しかし、それに対して、日本でかぼちゃの収穫が多い時期は夏から秋にかけての8月～10月頃です。ということは、冬から春にかけての1月～5月頃になったら日本では収穫が難しくなってしまうことは明白です。

このギャップが、もしかしたら問いを解く鍵になっているのかも……？

さて、何か思い付きましたか？

解説

日本であまりかぼちゃが収穫できない時期にも、日本国内では「かぼちゃを食べたい！」という人がいる。そうなったら、どうすればいいのでしょうか？

……そう、「収穫時期がずれる地域から輸入すればいい」のです。

例えば、南半球にあるニュージーランドは、日本とは夏と冬が逆転しています。日本で冬の寒い時期にあたる2月頃であっても、ニュージーランドではちょうど夏真っ盛りで、かぼちゃの一番の収穫時期です。

ということは、ニュージーランドから輸入すれば、冬であってもかぼちゃが食べられるようになるのです。

逆に、ニュージーランドからすれば、この時期に輸出することには大きなメリットがあります。日本では作れない時期に輸出すれば、ちょっと割高でも日本の消費者から買ってもらえます。多くのかぼちゃが売られている時期だったら、良質な北海道産のものが売れてしまいます。でも、北海道産のものが売っていないとなれば、多少割高でもお客さんは買ってくれます。

メキシコから輸入する意味も見えてきます。メキシコは低緯度地域ですね。年中気候が変わらないので、夏も冬も関係なく温暖で、いつでも一定の量のかぼちゃを作ることができるわけです。日本からすれば、ニュージーランドでも北海道でも収穫できない時期に、メキシコから輸入することができるのです。

そう考えると、同じ北半球の中国から輸入しない理由もわかると思います。この時期であれば、輸入しなくても北海道で生産・収穫すればいいのです。輸入が必要なのは、北海道で収穫できない時期ですから。

いかがでしょうか？

「多く生産しているからと言って、そこから輸入すれば万事解決、というわけではない」「むしろいつの時期に需要があるのか考える発想の転換が必要」という問いでした。他の食材で同様のことを考察してみると面白いことがわかるかもしれません。ぜひ考えてみて下さい。

解答例

日本と季節や気候が違う国なので、日本でかぼちゃが旬でない時期でも収穫できるから。

おわりに

こんにちは、本書の企画・編集のお手伝いをさせていただきました、現役東大生・『ドラゴン桜2』編集担当・西岡壱誠と申します。

本書をここまでご愛読いただき、ありがとうございました！
みなさん、この本は楽しかったですか？
僕はお手伝いさせていただいて、とても楽しかったです！
「ここところが、こんな風に繋がっているんだ！」
という、「学ぶ楽しさ」が体感できて、とても面白かったです。
思えば、僕が宇野先生に初めてお会いした時も、そんな感覚がありました。
もともと僕は浪人生の頃、宇野先生から勉強を教わっていました。当時の成績はひどいもので、宇野先生が教えられている地理も含めて、まったく東大レベルに到達できていない状態でした。A判定なんて取ったことがなく、まさに危機的な状態だったと言えます。

そんなときに、僕が宇野先生から教わったのは、「勉強って、何にでも繫がっているんだよ」という事です。

例えばニュースを見ているときにも社会の知識が応用できるし、スポーツをしているときにも数学や物理の知識が使える。勉強とは、机の上のものと言うわけではなく、目に映るものすべてに繫がる行為だと言えるのです。

『ドラゴン桜』の中で桜木先生は次のように語っています。

勉強とは
生きることだ
生きるとは日々生活すること
つまり勉強と生活は一体なんだ
勉強と生活…
どういうこと？もっと具体的に話して…

ならば一つ
質問しよう
東大生の多くが
小さい頃
どんな勉強を
していたと思う？
小さい頃？
理由はこうだ…
幼児期から塾に
通って勉強を
やり始めると…
ひよこ教室
その子にとっては
塾の教室で
することが
〝勉強〟になる

やっぱり早くから
専門の塾に通って
お受験の勉強を
してたんじゃない?
ところが
それは不正解
東大生は特別な
お受験対策を
ほとんどしてない
〝勉強〟とは先生がいて
机に教科書を開いて
やるものだという
意識が刷り込まれ…
〝勉強〟と日常生活が
全く別物で
縁のないものに
なってしまう

東大生が育った家庭の多くでは勉強と生活が密接に関わっている
例えば子どもを買い物に連れていき野菜の育ち方を教えお金の計算をさせる

高原先生の考え方は子どもを〝勉強〟させるには塾に入れなくてはダメと思う親と同じ
勉強と生活とを切り離して考えている証拠だ

散歩をしながら
雨と雲の関係を説明し
月や星の動きについて
話して聞かせる
勉強と生活が
一体化していれば
様々な経験を積むと
自然に知識が
蓄えられていく

「勉強とは　生きることだ」

　と、『ドラゴン桜』の中で桜木先生は述べていますが、まさにそういうことを、僕は宇野先生から習ったのです。そのおかげで、僕は勉強に対する見方が変わりました。東大の入試問題が求めていることも理解できて、そしてまさに、「生き方」が変わった。それがあって、僕は東大に合格する事ができたのです。

　そんな背景があって、「ぜひもっと多くの人にその感動を知ってもらいたい」と感じて、この本のご執筆を宇野先生にお願いさせていただきました。

　ですから、みなさんに「勉強って面白いんだな」と思ってもらえれば、こんなに嬉しいことはありません。

　だって勉強は生きることなのですから、勉強が面白いなら、生きることも面白いということだからです。

　最後になりましたが、『ドラゴン桜』の「勉強とは　生きることだ」という言葉で、この本を締め括りたいと思います。

　これからもみなさんが、勉強を、そして生きることを、楽しめますように！

星海社新書 258

「ドラゴン桜《ざくら》」式《しき》クイズで学《まな》ぶ東大思考《とうだいしこう》

なぜブルーベリー農家《のうか》は東京《とうきょう》に多《おお》いのか?

二〇二三年四月一七日 第一刷発行

アートディレクター 吉岡秀典《よしおかひでのり》(セプテンバーカウボーイ)
デザイナー 五十嵐《いがらし》ユミ
フォントディレクター 紺野慎一《こんのしんいち》
漫画 三田紀房《みたのりふさ》(『ドラゴン桜《ざくら》』『ドラゴン桜2』『インベスターZ』)
校閲 鷗来堂《おうらいどう》

著者 宇野仙《うのたける》

発行者 太田克史《おおたかつし》
編集担当 片倉直弥《かたくらなおや》
企画 西岡壱誠《にしおかいっせい》
編集協力 コルク

発行所 株式会社星海社
〒一一二-〇〇一三
東京都文京区音羽一-一七-一四 音羽YKビル四階
電話 〇三-六九〇二-一七三〇
FAX 〇三-六九〇二-一七三一
https://www.seikaisha.co.jp

発売元 株式会社講談社
〒一一二-八〇〇一
東京都文京区音羽二-一二-二一
(販売)〇三-五三九五-五八一七
(業務)〇三-五三九五-三六一五

印刷所 凸版印刷株式会社
製本所 株式会社国宝社

ISBN978-4-06-531619-1
Printed in Japan

SEIKAISHA SHINSHO

次世代による次世代のための

武器としての教養
星海社新書

星海社新書は、困難な時代にあっても前向きに自分の人生を切り開いていこうとする次世代の人間に向けて、ここに創刊いたします。本の力を思いきり信じて、みなさんと一緒に新しい時代の新しい価値観を創っていきたい。若い力で、世界を変えていきたいのです。

本には、その力があります。読者であるあなたが、そこから何かを読み取り、それを自らの血肉にすることができれば、一冊の本の存在によって、あなたの人生は一瞬にして変わってしまうでしょう。思考が変われば行動が変わり、行動が変われば生き方が変わります。著者をはじめ、本作りに関わる多くの人の想いがそのまま形となった、文化的遺伝子としての本には、大げさではなく、それだけの力が宿っていると思うのです。

沈下していく地盤の上で、他のみんなと一緒に身動きが取れないまま、大きな穴へと落ちていくのか？　それとも、重力に逆らって立ち上がり、前を向いて最前線で戦っていくことを選ぶのか？

星海社新書の目的は、戦うことを選んだ次世代の仲間たちに「武器としての教養」をくばることです。知的好奇心を満たすだけでなく、自らの力で未来を切り開いていくための〝武器〟としても使える知のかたちを、シリーズとしてまとめていきたいと思います。

2011年9月

星海社新書初代編集長　柿内芳文

SEIKAISHA SHINSHO